HETHITICA XI

D/1992/0602/11 ISBN 90-6831-394-0

© PEETERS et Publications Linguistiques de Louvain
Bondgenotenlaan 153 Place Blaise Pascal 1,
B-3000 Leuven B-1348 LOUVAIN-LA-NEUVE

Printed in Belgium

BIBLIOTHÈQUE DES CAHIERS DE L'INSTITUT DE LINGUISTIQUE DE LOUVAIN

hethitica XI

PEETERS
LOUVAIN-LA-NEUVE
1992

BCILL 59 : *HETHITICA XI*, 5-18

THE ROLE OF TELIPINU, THE PRIEST, IN THE HITTITE KINGDOM[1]

T.R. BRYCE

Within a few years of his conquest of Carchemish, the final Mitannian stronghold in Syria, the Hittite king Suppiluliuma died. His reign may have been cut short by the plague brought by Egyptian prisoners-of-war to Hatti. But his death did not in itself precipitate the general crisis to which his son Muršili refers at the beginning of his Annals.[2] Already an experienced military commander at the time of his accession,[3] Šuppiluliuma must have been well advanced in years when he died. And during the course of his reign, he clearly saw the need to make adequate provision not merely for the succession in Hattuša after his death, but also for the continuing maintenance of Hittite control over the regions outside Hatti which he had won or regained during his reign by diplomatic alliances or force of arms.

---

1 The following abbreviations are used In this article: *AfO - Archiv für Orientforschung, AM* – A. GOETZE, *Die Annalen des Muršili*, Darmstadt, 1967, *AO – Archiv Orientálni, AS – Anatolian Studies, CAH – Cambridge Ancient History, CTH* – E. LAROCHE, *Catalogue des textes hittites*, Paris, 1971, *DS* – "The Deeds of Šuppiluliuma as told by his son Muršili II", *JCS* 10, 1956, 41-68, 75-98, 107-130, *JCS – Journal of Cuneiform Studies, JEA – Journal of Egyptian Archaeology, KBo – Keilschrifttexte aus Boghazköi, KUB – Keilschrifturkunden aus Boghazköi, MDOG – Mitteilungen der Deutschen Orient-Gesellschaft, Or. – Orientalia, PRU IV* – J. NOUGAYROL, *Le palais royal d'UGARIT IV (Mission de Ras Shamra IX)*, Paris, 1956.

2 *AM*, 14-20. It is clear from the Annals that the crisis was caused by the illness and death of Šuppiluliuma's first son and successor Arnuwanda, probably within a year of his accession.

3 As indicated by the record of his military activities in his father's reign; see *DS* frags. 10-14. Note too that at least two of his sons, Arnuwanda and Telipinu, must have been in their twenties (if not older) at the time of the accession; Telipinu can hardly have been any younger than this in view of his appointment shortly after the accession as priest in Kizzuwadna (see below), and Arnuwanda was almost certainly older than Telipinu, in view of his status as crown prince. This in itself would indicate that Šuppiluliuma was already middle-aged when he occupied the throne.

In this respect, he seems to have been singularly fortunate in the sons he produced. We know of five of these sons – Arnuwanda, Telipinu, Piyaššili/Šarri-Kušuh, Zannanza, and Muršili. With the likely exception of Muršili, all of them had reached manhood during their father's reign, and had, apparently, provided him with firm and able support.

My concern in this paper will be primarily with the career of Telipinu, "the Priest", probably the second eldest of the sons. But before considering the texts which are relevant to Telipinu's career, we need to take account of several important revisions that have recently been made to the chronology of his father's reign.

In the first place, WILHELM and BOESE have demonstrated[4]

1. that the date of Šuppiluliuma's accession, generally assumed to have been c. 1380 B.C., should be substantially lowered; the accession must have taken place shortly after, or near the end of, his "20 years" of campaigning in Anatolia, and within a few years of his first major war in Syria;

2. that the length of his reign, generally assumed to have been of 35-40 years' duration, was no more than c. 20 years; this would mean that he came to the throne during the reign of the Egyptian king Amenophis IV/Akhenaten and (on the basis of the information contained in *DS*) died some 6 years after the death of Niphururiya – the pharaoh who can be firmly identified, I believe, with Tutankhamun.[5]

These conclusions when coupled with the results of the most recent revision of Egyptian chronology[6] enable us to establish, fairly precisely, absolute dates for a number of events that took place in Šuppiluliuma's reign. The dates which I give below are based on KITCHEN's dating of the death of Akhenaten to 1337 B.C. I have discussed these dates at some length in "Some Observations on the Chronology of Šuppiluliuma's Reign" in *AS* 39, 1989, 19-30.

---

4 "Absolute Chronologie und die hethitische Geschichte des 15. und 14. Jahrhunderts v. Chr." in *High, Middle, or Low,* Acts of an International Colloquium on Absolute Chronology, Univ. of Gothenburg, 20-22 Aug., 1987, 74-116.

5 *DS* frag. 28 A iii 1 7 (p. 92 with n. e). Opinion has long been divided on whether Niphururiya = Akhenaten or Tutankhamun, and WILHELM and BOESE have suggested Smenkhkarê as a third possibility ("Abs. Chron.", 101). For what I believe is conclusive support for the identification with Tutankhamun, see my article "The Death of Niphururiya and its Aftermath", *JEA,* 76, 1990, 97-105.

6 See K. KITCHEN, "The Basics of Egyptian Chronology in relation to the Bronze Age", Acts of the Gothenburg Colloquium (see n. 4), 37-55, together with KITCHEN's revised chronological table in the Supplementary Notes to the Acts.

Accession of Šuppiluliuma:	c. 1344
First Syrian War:	c. 1340
Death of Akhenaten:	1337
Second Syrian War:	1327-1322
Death of Šuppiluliuma:	1322

TEXTS RELEVANT TO THE CAREER OF TELIPINU

KUB XIX 25 and 26 (*CTH* 44)	- appointment in Kizzuwadna
KBo V 6 II 1-8 (*DS*, p. 92)	- campaigns in Arziya and Carchemish
KBo V 6 II 9-14 (*DS*, p. 92)	- meeting with Šuppiluliuma in Uda
KUB XIX 9 I 17 ff. (*CTH* 83)	- appointment (as LUGAL) in Aleppo
KBo VI 28 + *KUB* XXVI 48 obv. 19 ff. (CTH 88)	" " " " " "
KBo III 3 III 27-29 (*CTH* 63)	- judicial role assigned to "the priest" in Syria

THE APPOINTMENT IN KIZZUWADNA

At the time of his accession, or shortly after, Šuppiluliuma designated his son Arnuwanda as the crown prince. The earliest known reference to Arnuwanda's status as his father's successor occurs in the documents *KUB* XIX 25 and 26 (*CTH* 44),[7] a decree appointing Arnuwanda's brother Telipinu as priest in ^{URU}Kizzuwadna, i.e. in Kummanni. The decree is issued in the name of Šuppiluliuma, the queen Henti, the prince (DUMU.LUGAL) Arnuwanda, and the GAL.*MEŠEDI*, Šuppiluliuma's brother.[8]

The reference to the queen Henti provides an important indication of the dating of the decree. Three queens were associated with Šuppiluliuma during his reign – Daduhepa, Henti, and Tawananna in that order.[9] We now know that the first of these, Daduhepa, was Šuppiluliuma's mother.[10] She must therefore have outlived her husband, Šuppiluliuma's father,[11] and retained her status as queen at the beginning of her son's reign, before she was replaced in this role by Šuppiluliuma's wife Henti. The third queen, Tawananna, daughter of the

---

7 See A. GOETZE, *Kizzuwatna and the Problem of Hittite Geography*, New Haven, 1940, 12-16.

8 As indicated in *AM*, 152 (lines 19-20).

9 See GÜTERBOCK, *Siegel aus Bogazköy I*, *AfO* Beiheft 5, 1940, 5ff., H. OTTEN, "Königslisten und die altorientalische Chronologie", *MDOG* 83, 1951, 57-58.

10 See O.R. Gurney, "The Anointing of Tudhaliya", in 0. CARRUBA (ed.), *Studia Mediterranea Piero Meriggi Dicata*, Pavia, 1979, 218-221.

11 Probably Hattušili II, as discussed in my article (referred to above) on the chronology of Šuppiluliuma's reign.

Babylonian king, was Šuppiluliuma's second wife. Her name is associated with that of Šuppiluliuma on seals which belong within the context of the (one-year) First Syrian War.[12] She must then have replaced Henti as queen very early in the year in which the war was fought, or prior to it. Since no more than three or four years can have elapsed between Šuppiluliuma's accession and the First Syrian War[13] and three queens were associated with Šuppiluliuma in this period, then Henti's reign as the Hittite SAL.LUGAL must have been very short. Hence Telipinu's appointment as priest in Kizzuwadna can be dated to within a year or two of the First Syrian War.

While we cannot be entirely sure whether the appointment was originally intended to be a permanent one, this would seem to be a reasonable assumption if we accept GOETZE's restoration [DUMU-*ŠU* DUMU.DUMU-*ŠU*] in line 8 of *KUB* XIX 25. GOETZE translates 8-9 of the text thus: "for Telipinu, the priest, (and) in an analogous manner [for his son (and) his grandson] - [we have decreed] regulations as follows:". That is to say, the regulations and obligations imposed upon Telipinu were applicable also to his descendants/successors. In similar manner, the successors of the rulers of vassal states inherited the rights conferred and the obligations imposed by treaty upon their predecessors. Thus it is not unlikely that Telipinu's appointment was intended to be permanent, and that it was to be passed on through his family line. Furthermore, the decree requires Telipinu to acknowledge Arnuwanda as heir designate to the Hittite throne, and to undertake not to interfere with the royal succession in Hattuša. By implication, Telipinu, and presumably his descendants, were excluded from any claims upon the throne.

At the time Telipinu was installed in Kizzuwadna, the Hittites had obviously annexed at least part of Kizzuwadnan territory. When this annexation occurred is uncertain. But it probably post-dated the Šunaššura treaty. As BEAL has recently demonstrated, the well known Akkadian version of this treaty (*CTH* 41 I), along with all other treaty fragments associated with Šunaššura, should be assigned to only one king of that name, the contemporary of Tudhaliya II (Šuppiluliuma's grandfather).[14]

What obligations did the appointment in Kizzuwadna entail ? What functions was Telipinu expected to perform ?

---

[12] See NOUGAYROL, *PRU* IV, 30, 32-34 (with Dossier IIA 1-3), and KITCHEN, *Šuppiluliuma and the Amarna Pharaohs*, Liverpool, 1962, 2.

[13] This has been clearly demonstrated by WILHELM and BOESE, "Abs.Chron.", 79-94. For further discussion, see my article on the chronology of Šuppiluliuma's reign.

[14] See R. BEAL, "The History of Kizzuwatna and the Date of the Šunaššura Treaty", *Or.* 55/4, 1986, 424-445.

KUB XIX 25 and 26 are concerned essentially with an appointment to a religious office; and indeed Telipinu is referred to several times in later documents simply as "the priest" or "the great priest".[15] It is possible, though not certain, that there were several earlier appointees to the Kizzuwadna post;[16] and the increasingly important role which Kummanni played in the religious life of the Hittite kingdom may explain why the post was designated, officially, as a priestly one.

Nevertheless, Telipinu's responsibilities went beyond the purely religious sphere. In accordance with the terms of his appointment, he was obliged to have the same friends and the same enemies as the Hittite king, and to denounce those guilty of acting or speaking against him. Similar obligations were regularly imposed on vassal rulers. And we might note also note that any disputes in which he was involved had to be referred, like disputes between vassal rulers, to the king for judgment.

More generally, Telipinu's appointment is an important instance of what appears to have been one of Šuppiluliuma's prime policies – that of imposing and maintaining Hittite control over strategically important regions outside the homeland by establishing branches of his family in these regions. And given the fact that it was made only a short period before the First Syrian War, it is difficult to separate it from the context of Šuppiluliuma's preparations for his first major campaign against Mitanni. Similarly, GOETZE sees Šuppiluliuma's marriage alliance with the Kassite ruling family as strategically motivated – to gain for Šuppiluliuma protection in his rear in anticipation of his attack on Tušratta.[17] As Ph. HOUWINK ten CATE has commented, "all sources available on Šuppiluliuma's tactics concur in offering us a clear picture of a very capable military commander who carefully planned his attacks beforehand with intricate diplomatic moves and dealings ...".[18] Kizzuwadna may well have been seen as a convenient base for launching military operations in Syria prior to Šuppiluliuma's conquests there – operations in which a Hittite prince installed in the region might be called upon to participate, particularly at times when his father was occupied with campaigns in other parts of the kingdom.

---

15 *KUB* XI 8+9 V 15, *KBo* III 3 III 27 (if the ^{LÚ}SANGA here does in fact refer to Telipinu; see below), *KUB* XXXVI 124 I 5, *KBo* IV 4 III 15 (= *AM* p. 124), P. MERIGGI, *Manuale di Eteo Geroglificio II*, Edizioni Dell'Ateneo, 1975, 330, no. 306.

16 The only possibility so far suggested is that an earlier attested Kantuzili, son or brother of Tudhaliya II, may have been a "priest of Kizzuwadna"; see BEAL, op.cit., 436 with n. 59. But the evidence for this is fairly weak.

17 *CAH* II.2^{3}, 13.

18 *BiOr* 20, 1963, 271.

The Syrian Campaign

Whether or not Telipinu played any part in the First Syrian War, or the events leading up to it, remains uncertain. None of the extant sources contain any reference to him in this context. We do know, however, that he was involved in military activities in Syria in the year immediately preceding the first year of the Second Syrian War.

At this time, Šuppiluliuma was engaged in further campaigns in the Kaška region (*DS* frag. 28 A i), leaving military operations in Syria in the hands of deputies – notably Telipinu. The campaign which Telipinu conducted in Syria is recorded in *DS* frag. 28 A ii 1-14. It was limited in the success it achieved – but was perhaps intended to be limited in its objectives. Telipinu did succeed in gaining the submission of the countries of Arziya and Carchemish (though not the city of Carchemish) in the Euphrates region, and establishing a winter camp in the town of Murmuriga. But at this point he set out for Hattuša for a meeting with his father, leaving behind a Hittite garrison of 600[19] troops and chariotry under the command of Lupakki. The situation in Syria remained unstable. The city of Carchemish had yet to be taken, and Hurrian forces invaded the Euphrates region and placed the Hittite garrison under siege.

The meeting between Šuppiluliuma and his son actually took place in Uda in the Lower Land, where Šuppiluliuma was involved in celebrating religious festivals. But there is no evidence to indicate that Telipinu himself had left his Syrian command "in order to attend to urgent religious duties" as GOETZE suggests.[20] The reference to Šuppiluliuma's religious activities in Uda seems quite incidental. It is much more likely that the chief purpose of the meeting between father and son was to provide Šuppiluliuma with first-hand information on the current military situation in Syria, particularly in the region of Carchemish, prior to his own expedition to the region in the first year of the Second Syrian War.

It is possible that Telipinu was still based in Kizzuwadna at the time of his Syrian campaign. If so, then this campaign may serve to illustrate one of the reasons for his installation there. Yet we know that some time after his appointment he was made ruler of the kingdom of Aleppo. We cannot be sure when the new appointment was conferred upon him, since the only certain *terminus post quem* which we have for this event is Šuppiluliuma's conquest of Aleppo in the First Syrian War.[21] The context in which Telipinu occupied the

---

19 Or 700 ? See *DS*, 92, n. 27.
20 *CAH* II.2^3, n. 17.
21 As recorded in the historical preamble to Šuppiluliuma's treaty with Šattiwaza, *KBo* I 1 *(CTH* 51) obv. 30 (E.F. WEIDNER, *Politische Dokumente aus Kleinasien*, Leipzig, 1923, no. 1, 10).

throne in Aleppo will be discussed below. Suffice it here to say that if Telipinu had already been installed in Aleppo prior to his campaign against Arziya and Carchemish, he would have been even better placed than he was in Kizzuwadna to conduct military operations against enemy states in Syria, and to report to Šuppiluliuma on political and military activities in the region in general.

It is perhaps in this context that Telipinu's Syrian campaign and his subsequent meeting with his father in Uda ought to be placed.

THE APPOINTMENT IN ALEPPO

Telipinu's appointment in Aleppo is recorded in two documents dating to the reign of Hattušili III - *KUB* XIX 9 1 17 ff.[22] and *KBo* VI 28 obv. 19 ff.[23] Both documents refer to this appointment in the same context as Šuppiluliuma's appointment of another son Piyaššili as ruler of the land of Carchemish (it was probably then that Piyaššili assumed the name Šarri-Kušuh);[24] both princes were invested with the title of LUGAL – hence the assumption that they were accorded vice-regal status.

The juxtaposition of these events in the Hattušili documents has led to the general assumption that they were made at the same time, or rather that they were proximate events.[25] Yet we should be careful not to assume that strict chronological sequence has consistently been observed in the record of these events. Moreover, there is no evidence in *DS*, a document composed much closer to the time of the events which it records, that the appointments were both made directly after the fall of Carchemish. In fact it is clear from *DS* that Šuppiluliuma returned to Hattuša immediately after installing Šarri-Kušuh in Carchemish. No reference is made in this context to Telipinu's appointment. Fragmentary as the record is in other sections, there is no break in the text at this point.

Thus we may reasonably conclude that Telipinu was not installed in Aleppo at the same time as Šarri-Kušuh was in Carchemish. He must have been appointed some time before the fall of Carchemish, or some time after Šuppiluliuma's return to Hattuša.

---

22 See E. FORRER, *Forschungen II.1*, Berlin, 1929, 10, H. KLENGEL, *Geschichte Syriens im 2 Jahrtausend v.u.z. I*, Berlin, 1965, 34, KITCHEN, *Supp.*, 3-5.
23 See KLENGEL, *Gesch.*, 34; KITCHEN, *Supp.*, 51-52.
24 For the equation of the names, see GÜTERBOCK, *DS*, 120-121.
25 See, e.g., GOETZE, *CAH* II.2^3, 18; KITCHEN, *Supp.*, 4; KLENGEL, *Gesch.*, 197; O.R. Gurney, *The Hittites*, Harmondsworth, 1990, 24.

I have suggested above the possibility that his appointment may have taken place in the wake of Šuppiluliuma's conquest of Aleppo.[26] Aleppo and Carchemish were the only Syrian kingdoms not reoccupied by local rulers after the Hittite conquests in the region.[27] Clearly, Šuppiluliuma's intention was to establish his own sons in these kingdoms within the context of his restructuring and redivision of power in Syria following his conquests. If Telipinu was not installed in Aleppo until after the fall of Carchemish, then the Aleppo throne was apparently left vacant for 13 years or more.[28] It would be more logical to assume that Šuppiluliuma made the appointment at the earliest opportunity, i.e. in the same year as or shortly after the First Syrian War; in this event, it would not be surprising that *DS* makes no reference to Telipinu's appointment, since little or nothing of the text survives for this period.[29]

The new appointment presumably meant that Telipinu relinquished his post in Kizzuwadna. If so, the move would have represented a significant departure from Šuppiluliuma's original plans, if we are right in assuming from *KUB* XIX 25 + 26 that Telipinu's appointment in Kizzuwadna was originally intended to be a permanent one, to be passed on through his family line. GOETZE suggests that he may have held office simultaneously in Kizzuwadna and Aleppo.[30] While that possibility cannot be entirely ruled out, Šuppiluliuma's plans almost certainly required a Hittite prince in residence in Aleppo.

The alternative to what I have suggested above is that Telipinu's appointment in Aleppo did not take place until after his father's return to Hattuša at the end of the first year of the Second Syrian War. But if this were so, it would be very difficult to explain why his father delayed the Aleppo appointment after establishing Šarri-Kušuh in Carchemish, given that the Aleppo throne would still have been vacant, and northern Syria was now firmly under Hittite control.

---

26 Cf. the suggestion made in passing by F. CORNELIUS, *Geschichte der Hethiter,* Darmstadt, 1979, 56.

27 Their last kings may well have been removed by the Mitanni; see N. NA'AMAN, "The Historical Introduction to the Aleppo Treaty Reconsidered", *JCS* 32, 1980, 38. Elsewhere in Syria Šuppiluliuma adopted the practice of transporting the families of rebellious rulers to Hattuša (see, e.g., Šuppiluliuma's treaty with Šattiwaza, obv. 38-45; WEIDNER, *Pol. Dok.*, 12-14), and then subsequently re-establishing them in their kingdoms as Hittite vassals. The appointment of Tette in Nuhašši, for example, took place some time after the rebellion in which his grandfather Šarrupši, the previous ruler, was killed and his family transported to Hattuša.

28 On the basis of the dating of the first year of the Second Syrian War to the death-year of Tutankhamun.

29 It is possible, though not certain, that frag. 26 of *DS* (pp. 84-85) is to be assigned to the First Syrian War; cf. WILHELM and BOESE, "Abs. Chron.", 89.

30 *Kizzuwatna,* 12, n. 51.

One possible explanation is that the delay was caused by unexpected developments at the time of the fall of Carchemish. If so, the well known episode involving another of Šuppiluliuma's sons, Zannanza, may have some bearing on this.[31]

During the course of his siege of Carchemish, Šuppiluliuma received a request from the widow of Niphururiya[32] to send one of his sons to Egypt to marry her and occupy the Egyptian throne. Zannanza had evidently reached manhood at this time, but had yet, apparently, to be assigned a major role within the Hittite administrative structure. Perhaps Šuppiluliuma had already planned such a role for him; but the Egyptian queen's proposal introduced an entirely unexpected element into his calculations.

Suspicious of the proposal, Šuppiluliuma sent an official, Hattušaziti, to Egypt to make investigations. In the meantime, he would have had time to weigh up the advantages which the proposed marriage alliance had to offer – not only or even primarily the establishment of a Hittite prince on the throne of Egypt, but through this the means of consolidating Hittite power in southern as well as in northern Syria.

Šuppiluliuma then returned to Hattuša. The following spring he was persuaded by Hattušaziti on his return from Egypt (accompanied by an envoy from the Egyptian queen) to send Zannanza to Egypt for the intended marriage. Zannanza died on the journey.

Could the Aleppo appointment have been intended, originally, for Zannanza? If so, then the appointment must have been delayed pending the outcome of the investigations conducted by Hattušaziti in Egypt; and Šuppiluliuma's eventual decision to send Zannanza to Egypt would have necessitated a change in the arrangements for Aleppo.

This may have been the context in which Telipinu's appointment in Aleppo took place, if in fact it post-dated that of Šarri-Kušuh in Carchemish. In this event, the extensive powers assigned to Šarri-Kušuh in Syria (see below) had probably already been formalised by treaty before Telipinu occupied the Aleppo throne. In a sense, he would have occupied it by default.

Of the two possibilities I have suggested for the period when Telipinu was installed in Aleppo, the first is in my view the more plausible, particularly in

---

31 The episode is recorded in *DS* frag. 28, A iii I ff. (pp. 96-98).

32 Called Dahamunzu in *DS*. The name simply means "the wife of the king"; see W. FEDERN, "Dahamunzu *(KBo* V 6 iii 8)", *JCS* 14, 1960, 33.

view of the long time-interval that must otherwise have elapsed between the conquest of Aleppo and the installation of a new ruler there.

What role was Telipinu expected to fulfil in Aleppo, and how did his appointment relate to that of Šarri-Kušuh in Carchemish?

To begin with Šarri-Kušuh. On his appointment in Carchemish, or shortly after, his father drew up a treaty with Šattiwaza (*CTH* 51),[33] son of the former Mitannian king Tušratta. The treaty followed in the wake of the joint campaign undertaken by Šarri-Kušuh and Šattiwaza across the Euphrates, with the object of establishing Šattiwaza as king of Waššuganni, in effect a puppet ruler of a much reduced Mitannian kingdom now subject to Hittite control.

Amongst other things, the treaty defines the boundaries between the kingdoms of Šattiwaza and Šarri-Kušuh, and regulates the political relationship between them and the obligations they are bound mutually to uphold. The list of countries detailed in the new boundary provisions indicates a significant expansion of the territory of Carchemish both east and west of the Euphrates, partly at the expense of the old Mitannian kingdom and several of the Syrian vassal kingdoms.

In the first place, the location of his kingdom in the middle Euphrates gave it the character of a frontier defence zone against Assyrian encroachment westwards into Hittite subject territory. West of the Euphrates, Šarri-Kušuh was assigned control over extensive areas in Syria. Evidence of this is provided both by Šuppiluliuma's treaty with Šattiwaza (rev. 16- 21), and also by the fragmentary remains of Šuppiluliuma's treaty with Šarri-Kušuh (*KUB* XIX 27 = *CTH* 50),[34] in which the boundaries of the latter's kingdom are defined. Southwards along the Euphrates, the kingdom incorporated territory formerly belonging to Aštata.[35] Westwards it extended to the borders of Mukiš (capital Alalah).[36] Almost certainly this meant that part of the territory formerly

33 WEIDNER, *Pol. Dok.* no. 1, 2-36.

34 Lines 4' ff., transl. in FORRER, *Forschungen* II.1, 48-49. Cf. KLENGEL, *Gesch.* I, 51, 73.

35 Šattiwaza treaty, *rev.* 18. On the location of Aštata, see G.F. del MONTE and J. TISCHLER, *Répertoire géographique des textes cunéiformes, Bd. 6, Die Orts- und Gewässernamen der hethitischen Texte*, Wiesbaden, 1978, 49.

36 *KUB* XIX 27, line 6'. For the suggestion that the land of Mukiš was actually incorporated in the kingdom of Carchemish, see KLENGEL, *Gesch.* I, 78; cf. NOUGAYROL, *PRU* IV, 63, n. 1.

belonging to the Nuhašši lands was now absorbed within the Carchemish kingdom.[37]

We have only fragmentary references to the activities of Šarri-Kušuh during the remainder of Šuppiluliuma's reign. However, the early years of Muršili's reign seem to have been marked by close collaboration between Muršili and Šarri-Kušuh, up to the time of the latter's death in Muršili's 9th year.[38] On the one hand, Šarri-Kušuh could count on military support from Hatti, when required, for action against Assyria or rebellious Syrian vassals. We note that in his 2nd year Muršili sent to Carchemish an expeditionary force under the command of Nuwanza in anticipation of an Assyrian offensive across the Euphrates.[39] And in Muršili's 7th year Šarri-Kušuh was reinforced by troops from Hatti under the command of Kantuzili for joint action against the rebels in the Nuhašši lands.[40] On the other hand, Muršili called on Šarri-Kušuh's support in re-establishing Hittite control over the Anatolian vassal states which had broken their Hittite allegiance at the time of Muršili's accession. In the third year of his reign Muršili was joined by Šarri-Kušuh at Šallapa for a combined offensive against the kingdom of Arzawa.[41]

In contrast to Šarri-Kušuh, Telipinu is conspicuously absent from the record of political and military activities in Syria after the former's appointment in Carchemish. While he clearly did have a military role in Syria prior to the Second Syrian War, this role was apparently taken over by, or re-assigned to, Šarri-Kušuh at the end of the first year of the war. From this time onwards Telipinu took no further part, as far as we can determine, in the political or military affairs of the region as a whole. He is notably absent, for example, from the record of the Nuhašši rebellion in the 7th year of Muršili's reign. And it is particularly significant that it was Šarri-Kušuh not Telipinu who negotiated a military alliance with Niqmadu of Ugarit,[42] in spite of Ugarit's much closer proximity to Telipinu's kingdom.

Did Telipinu exercise *any* powers or responsibilities beyond the boundaries of his own kingdom? In spite of his earlier military operations in Syria, his role

---

[37] Cf. NA'AMAN, "Aleppo treaty", 39-40. Note too *RS* 17.335 (*PRU* IV, 71 ff.), a decree of Muršili II regulating the succession in the kingdom of Šiyannu. The document records that during the reign of Abdianati, Šiyannu had seceded from the overlordship of Niqmepa, king of Ugarit, and was attached to the kingdom of Carchemish. This probably occurred in the early years of Muršili's reign; see KLENGEL, *Gesch.*, I, 79. It had the effect of halving the territory controlled by Niqmepa (cf. GOETZE, *CAH* II.2^3, 125).

[38] This is probably first indicated in the fragmentary reference to Šarri-Kušuh in *AM,* 14, following immediately upon Arnuwanda's death.

[39] *AM,* 26-28.

[40] *AM,* 84-86.

[41] *AM,* 48.

[42] Recorded in *RS* 17.334 (*PRU* IV, 54-55).

in the region may well have been primarily a religious one, as indicated by the various references to him as "the priest" or "the great priest". And the fact that Aleppo was the most important cult centre in Syria, whose chief gods (Tešub, Hepat, and Šarruma) were also the gods to whose service Telipinu was dedicated in Kizzuwadna,[43] may have been the chief reason for his appointment in Aleppo.[44]

But the appointment may also have entailed judicial responsibilities which gave "the priest" some authority over neighbouring, or nearby, vassal states. This is suggested by a document which records an agreement drawn up between Muršili and Duppi-Tešub of Amurru. The document which is fully preserved in *KBo* XVI 23 and *KUB* XXIII 126 appears as the second document in *KBo* III 3.[45] In col. III, lines 3-26, reference is made to a dispute over NAM.RA^{MEŠ}, transportees destined for Hattuša[46] who have come to Amurru as refugees. A third party (unknown, but presumably identified in the missing lines at the beginning of the section) has taken it upon himself to intervene and is constantly removing the transportees from Duppi-Tešub's control.

The Amurru king's failure to hand over transportees to Muršili was clearly in breach of the treaty which Muršili had drawn up with his grandfather Aziru (lines 14-20). And, on the surface at least, the intervention by the third party may have been prompted by Duppi-Tešub's illegal detention of the transportees. Yet Muršili makes it clear that he alone has the right to take action over the transportees, and forbids any further intervention by the third party. He then stipulates that legal disputes are to be referred to "the priest" for arbitration.

Given the context in which this stipulation is made, it seems likely that the disputes to which Muršili is referring are those which occur between vassal rulers or vassal states located within the same general region. We may reasonably assume that the third party in this case came from another vassal state, and was perhaps the ruler of that state. The possibility of disputes between neighbouring vassals is dealt with in several of the vassal treaties.[47] But in these cases such disputes are to be referred directly to the Hittite king for arbitration.

---

43 Cf. *KUB* XIX 25 I 3-4 with *KUB* XVII 22 IV 2; see also KLENGEL, *Gesch.* I, 201, n. 18.

44 Cf. KLENGEL, *Gesch.* I, 197.

45 See KLENGEL, "Der Schiedsspruch des Muršili II. hinsichtlich Barga und seine Übereinkunft mit Duppi-Tesup von Amurru *(KBo* III 3)", *Or.* 32 1963, 32-55.

46 Perhaps in the wake of the revolts in Syria during Muršili's reign; cf. KLENGEL, "Der Schiedsspruch", 53.

47 E.g. Muršili's treaty with Targašnalli of Hapalla *(CTH* 67; *rev.* 16-24); J. FRIEDRICH, *Staatsverträge des Hatti-Reiches in hethitische Sprache II,* Leipzig, 1930, 62-64, sec. 11. Cf. Muršili's treaty with Manapa-Tarhunda of the Seha River Land *(CTH* 69), sec. 11[1], as restored by S. HEINHOLD-KRAHMER, *Arzawa,* Texte der HETHITER, Heft 8, Heidelberg, 1977, 295. See also J. PIRENNE, "La politique d'expansion hittite envisagée à travers les traités de vassalité et de protectorat", *AO* 18, 1950, 377.

Here alone a deputy of the king – "the priest" – is invested with this function. Only cases where resolution of a dispute is difficult are to be referred to the king himself.

We may reasonably assume that the priest referred to in this document is Telipinu.[48] Admittedly Telipinu is not specifically named anywhere in the document. Yet as we have noted, he is in other texts simply designated as "the priest" without reference to his name. Moreover, if the document can be dated to the 7th year of Muršili's reign,[49] then it certainly belongs to the period when Telipinu was still alive and exercised authority in Aleppo.

If the above suggestions are correct, the judicial authority assigned to Telipinu would have given him, in this respect at least, a pre-eminent position among the local vassal rulers. Admittedly we have evidence of this authority only in Muršili's reign. But there is no indication that it was only now being, or had only recently been, assigned to Telipinu. More likely, Muršili's statement in *KBo* III 3 was intended merely as a reminder to the Syrian vassals of the judicial powers which Telipinu had long had the right to exercise in accordance with the terms of his appointment in Aleppo.

THE RELATIVE STATUS OF TELIPINU AND ŠARRI-KUŠUH

It is clear from the discussion above that there were marked differences between the roles and functions of the Syrian viceroys. By virtue of his appointment in Carchemish, and the powers and responsibilities which this appointment entailed, Šarri-Kušuh may well have played the more influential and more active role in Syrian affairs, and was perhaps generally regarded as the chief representative of Hittite interests in the region. And the territories assigned to him on his appointment must have meant that his kingdom reached the very boundaries of the kingdom of Aleppo, which apparently had not been extended on Telipinu's appointment beyond the limits of the former vassal state.[50] But I can see no justification for KLENGEL's suggestion that Aleppo was actually under Šarri-Kušuh's control, or that Telipinu was in any sense his brother's subordinate.[51] According to the documents from Hattušili III's reign, the title LUGAL was conferred upon both Telipinu and Šarri-Kušuh without

48 Cf. KLENGEL, "Der Schiedsspruch", 51.

49 See BRYCE, "Tette and the Rebellions in Nuhašši", *AS* 38, 1988, 26-28. Cf. KLENGEL, "Der Schiedsspruch", 54-55.

50 Some of the territories taken from the kingdom by the Mitannian king may have been restored to it by Šuppiluliuma at the time of Telipinu's appointment; see NA'AMAN, "Aleppo Treaty", 38, 40.

51 KLENGEL, *Gesch.* I, 73.

distinction. I see no reason for doubting this statement,[52] or for assuming that there was in fact some differentiation in the *formal status* conferred upon the brothers.

Moreover, we have the explicit evidence of Muršili's *Annals* and the treaty between Muršili and Telipinu's son and successor Talmi-Šarruma (*CTH* 75) that the latter was formally invested with the title of LUGAL of Aleppo after his father's death.[53] Telipinu must have died in Muršili's 9th year, or shortly before, since the installation of Talmi-Šarruma was confirmed by Muršili while he was in Syria during his 9th year at the same time as Šarri-Kušuh's son was installed as LUGAL in Carchemish. There is no suggestion in the *Annals* that Talmi-Šarruma was the first of his family to have kingship conferred upon him, or that Muršili was creating a new position for him – although admittedly in neither the *Annals* nor the Talmi-Šarruma treaty is there any surviving reference to Telipinu's kingship.[54] The situation was probably, as at Carchemish, one of simply confirming Talmi-Šarruma's appointment to an already existing office, and a formal acknowledgement of the new ruler's position.

In the broad context of Hittite authority in Syria, Telipinu's role as "great priest" in the chief religious centre of the region, and as arbiter of disputes between neighbouring vassal states, complemented Šarri-Kušuh's predominantly military role in the region. In the religious, judicial, and military functions assigned to them, the viceroys in Carchemish and Aleppo exercised in Syria the three most important functions of the Hittite king himself within the Hittite realm as a whole.

University of New England
Dept. of Classics and Ancient History
Armidale N.S.W., 2351
Australia

---

52 *contra* KLENGEL, *Gesch.* I, 73, 196-197.

53 *AM*, 124, Talmi-Šarruma treaty *rev.* 5 etc.

54 This may well be due to the loss of the relevant sections of the text. Note in particular the very fragmentary state of *obv.* 33 ff. of the treaty, the passage in the historical preamble which deals with Šuppiluliuma's reign.

BCILL 59 : *HETHITICA XI*, 19-37

I RAPPORTI TRA ITTITI E HURRITI DURANTE IL REGNO DI MURŠILI I*

Stefano de MARTINO

Le conquiste militari di Ḫattušili I sono ormai ben conosciute sia grazie al fortunato ritrovamento degli Annali bilingui di questo sovrano, rinvenuti nel 1957[1], sia grazie ad una serie di altri testi che sono stati oggetto di riesamina e di studio in anni recenti[2]. Diversamente per il regno di Muršili non sappiamo molto, fatta eccezione per la conquista di Aleppo e la spedizione contro Babilonia, imprese che per la loro importanza hanno finito per catalizzare l'attenzione delle stesse fonti ittite di epoca successiva[3] e quella della storiografia moderna

Del resto, i documenti riferibili al regno di Muršili[4] sono pochi e ci sono giunti in cattivo stato di conservazione; la loro frammentarietà, unitamente alla mancanza di esplicite menzioni del nome di tale sovrano, rende difficile una datazione sicura e apre il campo ad ipotesi di attribuzione per questi stessi testi che oscillano tra Ḫattušili I, Muršili I e Ḫantili I.

---

* Desidero esprimere la mia più profonda gratitudine al Prof. Dr. Erich NEU, che ha letto il manoscritto di questo lavoro e lo ha arricchito con preziosi consigli ed emendamenti.

1 V. H. OTTEN, *MDOG* 91 (1958), 73-84; sul testo degli Annali Bilingui di Ḫattušili, v. F. Imparati – C. SAPORETTI, *SCO* 14 (1965), 40sgg.; H.C. MELCHERT, *JNES* 37 (1978), 1sgg.; A. KEMPINSKI, *Syrien in der letzten Phase der Mittelbronze IIB-Zeit,* Wiesbaden (1983), 15sgg.; Ph. HOUWINK ten CATE, *Anatolica* 10 (1983), 91sgg.; Id. *Anatolica* 11 (1984), 47sgg.

2 V. per es. per il CTH 4, C. KÜHNE, *ZA* 62 (1972), 243-248; per il CTH 16, 0. SOYSAL, *Hethitica* 7 (1987), 173sgg.; Id., *Vicino Oriente* 7 (1988), 107sgg.

3 Cfr. il nono paragrafo dell'Editto di Telipinu; v. l'edizione di I. HOFFMANN, *THeth* 11, Heidelberg 1984, 18-19.

4 Si tratta dei testi catalogati come CTH 10-14.

Come è noto, Ḫattušili aveva affrontato diverse spedizioni contro i Hurriti, sia che queste fossero dovute all'aggressività di tale popolo, sia che fossero connesse alla politica espansionistica verso il sud-est del sovrano ittita[5].

L'Editto di Telipinu[6] attribuisce a Muršili solo una generica vittoria sui Hurriti, ponendola in rapporto con la spedizione contro Babilonia. Invece, negli altri testi, che sono stati di volta in volta messi in relazione con Muršili, i Hurriti sono presenti con notevole frequenza non sempre come un nemico sconfitto, ma più spesso come una temibile e continua minaccia per il regno ittita, contraddicendo, così, l'immagine di vincitore assoluto che dà di Muršili l'Editto di Telipinu.

Per cercare di comprendere la reale natura ed entità degli scontri tra Ittiti e Hurriti sotto Muršili, è necessario partire da un riesame preliminare della documentazione in proposito, vedendo prima di tutto quali testi siano veramente riferibili a Muršili e quali non lo siano.

Una premessa che è doveroso fare qui riguarda un problema di carattere sostanziale e di difficile risoluzione, cioè se gli Ittiti con la designazione di *Ḫurla*[7] indicassero genericamente i principati nord-siriani a popolazione prevalentemente hurrita, oppure se già esistesse un'entità statale hurrita quale ci è testimoniata solo in anni successivi.

Come è noto la prima attestazione del nome di Mitanni è di epoca posteriore e risale al faraone Thutmosis I[8] e la menzione di Ḫanigalbat nella versione accadica degli Annali di Ḫattušili, che costituirebbe la più antica testimonianza di tale toponimo, non può essere considerata probante perché il testo ci è pervenuto non in un originale antico ittita, ma in una copia di età imperiale[9].

A mio parere, tuttavia, per quanto non esistano prove certe in proposito, i testi ittiti dell'Antico Regno forniscono indizi tali che, addottando la cronologia

---

5 Per una sintesi delle imprese militari di Ḫattušili in Siria, v. G. WILHELM, *Grundzüge der Geschichte und Kultur der Hurriter*, Darmstadt 1982, 28sgg.

6 Cfr. Ro I 30.

7 Sulla designazione *Ḫurla*, senza determinativo nei testi ittiti dell'Antico Regno, v, C. KÜHNE, in *Mesopotamien und seine Nachbarn*, Berliner Beiträge zum Vorderen Orient, Bd. 1, Berlin 1982, 206-207; 0. SOYSAL, *Hethitica* 7 (1987), 246-248 n. 236.

8 V. da ultimo J. KLINGER, in *Hurriter und Hurritisch, Xenia*, 21, Konstanz 1988, 28.

9 Sulla tradizione degli Annali di Ḫattušili, v. Ph. HOUWINK ten CATE, *Anatolica* 10 (1983), 91sgg.; sulla menzione di Ḫanigalbat in questo testo v. da ultimo G. WILHELM, *op. cit.*, 30; A. KEMPINSKI, *op. cit.*, 20; J. KLINGER, *art. cit.*, 32. Altrettanto incerta sembra essere l'identificazione del toponimo *uruḪuruḫḫi* nel testo relativo all'assedio di Uršu(m) (CTH 7), con *uruḪur(w)uḫe* (cioè il paese di Ḫurri) della lettera di Mitanni, proposta da M. ASTOUR, *JNES* 31 (1972), 104-105, per dimostrare l'esistenza nelle fonti ittite più antiche di una designazione ufficiale per lo stato hurrita, v. da ultimo J. KLINGER, *art. cit.*, 32 e n. 39 con bibl.

corta, possono essere posti in relazione con la formazione di uno stato hurrita, la cui esistenza sarebbe dunque da retrodatare agli ultimi decenni del sedicesimo secolo[10].

2. Le fonti

a. KUB XXVI 74, CTH 10.1[11]

KUB XXVI 74, che ci è pervenuto in una copia di età imperiale, è stato scritto verosimilmente da Ḫantili I e riguarda gli eventi essenziali dei regni di Ḫattušili e di Muršili. La narrazione procede in terza persona singolare ed ha uno spiccato carattere encomiastico nei confronti dei due immediati predecessori di Ḫantili (Muršili è definito un re potente, *šar-ku-uš* Ro I 7). Il passo relativo alle imprese di Muršili è lacunoso : nella parte superstite della tavoletta sono menzionati i Hurriti e la spedizione contro Babilonia.

KUB XXVI 74 presenta affinità stilistiche e di contenuto molto strette con KBo III 57, CTH 11, mentre sembra differire da KBo III 45, CTH 10.2, che pure è stato redatto dallo stesso Ḫantili, sia nell'aspetto formale (per esempio la narrazione si svolge alla prima persona plurale), sia nell'ispirazione che lo sorregge. La spedizione di Babilonia qui non è descritta con toni elogiativi, ma è vista, in quanto sgradita agli dei, come una delle cause che hanno portato alla morte Muršili[12].

b. KBo III 57 (=2BoTU 20) // KUB XXVI 72, CTH 11[13]

Il documento, che ci è giunto in una copia di età imperiale, contiene in un'unica tavoletta avvenimenti dei regni di Ḫattušili, Muršili e Ḫantili. A.

---

[10] L'ipotesi dell'esistenza del regno di Mitanni nel sedicesimo secolo era stata formulata da M. ASTOUR, *art. cit.*, 102-108; di recente è stata ripresa in maniera più sfumata e con argomentazioni più convincenti da C. KÜHNE, *art. cit.*, 206- 207; G. WILHELM, *op. cit.*, 28; J. KLINGER, *art. cit.*, 35- 36; diversamente v. N. NA'AMAN, *UF* 6 (1974), 267 n. 12; H. KLENGEL, *RHA* 36 (1978), 101-106.

[11] Su KUB XXVI 74, v. H.A. HOFFNER jr., in *Unity and Diversity*, ed. by GÖDICKE - J.J.M. ROBERTS, Baltimore - London 1975, 37; Id., *Orientalia* 49 (1980), 304; A. KEMPINSKI, *op. cit.*, 53.

[12] V. H.A. HOFFNER jr., in *Unity cit.*, 56-58.

[13] V. A. GOETZE, *MAOG* 4 (1928), 63; H.G. GÜTERBOCK, *ZA* 44 (1938), 96; Id. *apud* B. LANDSBERGER, *JCS* 8 (1954), 53 n. 89; H. KLENGEL, *Geschichte Syriens im 2. Jahrtausend v.u.Z.* I, Berlin 1965, 149; E. NEU, *StBoT* 18, Wiesbaden 1974, 30; A. KEMPINSKI, *op. cit.*, 49-53; Ph.A.J. HOUWINK ten CATE, *Anatolica* 11 (1984), 64-65; 0. CARRUBA, in *Stato Economia Lavoro nel Vicino Oriente Antico*, Istituto Gramsci Toscano, Milano 1988, 202-203.

KAMMENHUBER[14] suppone che sia una *Sammeltafel* che raccoglie testi diversi, però secondo me non si può escludere che si tratti di un racconto storico di Ḫantili con un prologo relativo ai regni dei suoi due predecessori[15]; Ḫantili potrebbe così aver voluto affermare una continuità ideale tra il suo regno e quello di Muršili, affrancandosi dal marchio di usurpatore.

O. CARRUBA[16] ritiene che Ḫantili citato alle rr. 16] e 18] della terza colonna di KBo III 57 non sia Ḫantili I, ma possa essere Ḫantili II; il passo è relativo alla costruzione delle mura di Ḫattuša che Ḫantili si vanta di aver fatto erigere[17]. Lo studioso scrive che il testo difficilmente potrebbe essere di Ḫantili I per il suo tono elogiativo nei confronti di Muršili I, ma – a mio parere – come si è detto ora lo scopo di testi come questo e anche come KBo III 45 è proprio quello di mezzi di propaganda volti a trasformare l'immagine di Ḫantili nel successore legittimo di Muršili.

Inoltre CARRUBA nota che il *topos* del re potente *šarkuš haššuš* compare solo dal periodo medio-eteo in poi e dunque KBo III 57 deve essere stato redatto allora, cioè sotto Ḫantili II; si deve sottolineare, però, che esso è presente anche nel già citato KUB XXVI 74 Ro I 7, CTH 10, un altro testo proprio del tempo di Ḫantili I.

Sulla base di queste osservazioni, mi pare che una datazione di KBo III 57 a Ḫantili I, in mancanza di ulteriori prove, possa essere ancora accettabile.

c. KUB XXXI 64 (+) 64a + KBo III 55 (2BoTU 18), CTH 12

Il testo, tramandatoci in una copia di età imperiale[18], conserva, se pure in maniera molto frammentaria, un racconto di carattere storico relativo alle imprese di un sovrano ittita nella regione sud dell'Anatolia, e a est, a Tagarama; numerose sono le menzioni dei Hurriti, si allude ad una spedizione contro Arinna ed è nominata anche Babilonia (Vo III 17').

La narrazione è condotta sia in terza persona singolare, sia in prima singolare e a volte il re si rivolge direttamente a funzionari o agli abitanti di qualche città; questo, per esempio, è il caso delle rr. 16 e sgg. della seconda colonna dove sembra di capire che il re invita i *MEŠEDI* e gli abitanti della città

---

[14] A. KAMMENHUBER, *Saeculum* 9 (1958), 143 n. 37.
[15] V. H.A. HOFFNER jr., *Orientalia* 49 (1980), 304.
[16] O. CARRUBA, *art. cit.*, 202-203.
[17] Su questo v. Ph.A.J. HOUWINK ten CATE, *Anatolica* 11 (1984), 64-65.
[18] Per la datazione del testo v. E. NEU, *Fs. Knobloch* (=IBK 23), Innsbruck 1985, 260.

di Ḫabara a combattere al suo fianco, promettendo protezione e un ricco bottino, se tale è il significato da dare alla parola *aššu*[19]:

---

16 [*AN*]*A* LÚ^{meš} *ME-ŠE-DI Ù* [ ] x *A-NA* LÚ^{meš} ^{uru}Ḫa-ba-ra [

17 [URU?-]*KU-NU Ú-UL* pa-aḫ-ša-n[u-utteni ...?]x ^{uru}Ḫa-ba-ra nu(-) x-x-x-x

18 [e-]eš-tu-ma-ti ḫal-ma-aš-š[u-itti=mi ...?] LUGAL-aš a-aš-šu-me-et []

19 [me-e]k-ki ki-it-ta a[z-zikkitten ak-]ku-uš-kat-te-en []

20 [DAM]^{meš} *-KU-NU* DUMU^{meš} *-KU-NU* ḫ[u-ušnutten[20] ...?]x ....

---

16 [al]le guardie del corpo e [ ]. agli uomini della città di Ḫabara [il re dice(??) :"

17 la vostra [città?] non proteg[gete ...?], la città di Ḫabara e ...

18 [se]dete [al mio] tron[o ...?] la mia ricchezza (scil. il bottino), cioè (quella) del re,

20 [molt]a è, m[angiate b]evete[21]

21 le vostre [mogli] (e) i vostri figli m[antenete in vita ...

La menzione di Babilonia e il pronome di prima persona singolare *uk* alla stessa riga hanno fatto sì che il testo fosse attribuito a Muršili I[22]. A. KEMPINSKI e S. KOŠAK[23] ritengono possibile pure una datazione a Ḫantili I per diversi motivi : prima di tutto anche questo sovrano ha combattuto nella regione di

---

19 Sulla città di Ḫabara, v. G. DEL MONTE, *RGTG* 6, Wiesbaden, 1978, 67-68. Su *aššu-* v-. J. FRIEDRICH - A. KAMMENHUBER, HW^2, 496 s.v.*aššu*; J. PUHVEL, *HED* ,199 s.v. *aššu*;

20 L'integrazione è proposta sulla base del confronto con le rr. Ro II 28-30.

21 V. A. Kammenhuber, *Mat.heth.Thes.*, 4 (1975), Nr. 5 s.v. *eku-/aku-* III,3, 56.

22 Così H. KLENGEL, *GS cit.*, I, 271; III, 208 n. 61; A. KAMMENHUBER, *THeth.* 7, Heidelberg 1976, 14; R. BEAL, *AoF* 15 (1988), 282 n. 65 (con punto interrogativo); A. KAMMENHUBER, *HW*^{2}, 98 s.v.*eš-*.

23 A. KEMPINSKI - S. KOŠAK, *Tel Aviv* 9 (1982), 98; A. KEMPINSKI, *op. cit.*, 54-55; a Ḫantili attribuisce il testo, se pure con punto interrogativo, 0. SOYSAL, *Hethitica* 7 (1987), 243 n. 203.

Tagarama e contro i Hurriti, come risulta dall'Editto di Telipinu (§§13-14). Inoltre si crede generalmente che, a parte le spedizioni contro Aleppo e Babilonia e gli scontri con i Hurriti connessi a tale eventi, il regno di Muršili sia stato pacifico[24] e quindi – concludono i due studiosi – le molte battaglie descritte nel CTH 12 non potrebbero essere state compiute da tale sovrano.

A mio parere, diversamente, la datazione di KUB XXXI 64 + a Muršili I non è affatto da escludere, anche se è vero che la menzione di Babilonia è in un contesto assai frammentario e potrebbe anche trattarsi di un richiamo, in un testo di Ḫantili, all'impresa del suo predecessore.

Un elemento più sicuro di datazione è rappresentato dal fatto che alla r. 22 della seconda colonna si nomina un funzionario di nome Ḫani, che ricopre la carica di lú*ḫalipi*[25] e che recatosi Ḫatra[26] sembra, ma il contesto è molto frammentario, incaricato di portare un annuncio simile a quello delle rr. 16-20, prima citate.

Nella Cronaca di palazzo, KBo III 34 I 26, CTH 8, troviamo uno stesso Ḫani nominato in connessione con la città di Ḫaššum : *[Ḫa-]ni-i-iš!* uru*Ḫa-aš-šu-an ḫarta* ... "[Ḫa]ni teneva (scil. governava) la città di Ḫaššu(m) ...". Poiché KUB XXXI 64 + riferisce episodi bellici che in gran parte riguardano la regione di Ḫaššum, non è inverosimile supporre che Ḫani di KBo III 34 sia lo stesso di quello menzionato nel nostro testo. In tal caso, dato che sappiamo che la Cronaca di palazzo concerne eventi del regno di Ḫattušili[27], KUB XXXI 64 + sarebbe del tempo di Muršili; infatti Ḫani avrebbe potuto bene prestare i suoi servigi sia sotto Ḫattušili che sotto Muršili, ma non avrebbe potuto vivere fino al regno di Ḫantili.

d. KBO III 46 (2BOTU 17) + KUB XXVI 75 // KBO III 53 + KBO XIX 90 (+) KBO III 54, CTH 13[28]

Si tratta di un racconto storico che ci è giunto in due versioni parallele, ma nessuna delle copie è autenticamente antico ittita. Gli eventi sono narrati per lo più in prima persona da un re, il cui nome non è conservato, secondo uno

---

24 V. A. KEMPINSKI - S. KOŠAK, *art. cit.*, 98.

25 Su tale funzionario v. J. TISCHLER, *HEG* 132; Id. *HDW* 12; F. PECCHIOLI DADDI, *Mestieri Professioni e Dignità nell'Anatolia ittita,* Roma 1984, 110.

26 Sulla città di Ḫatra v. G. DEL MONTE, *RGTC cit*, 104.

27 V. da ultimo, S. de MARTINO, *Oriens Antiquus*, 28 (1989), n. 13 con bibl. precedente.

28 Il testo è pubblicato in traslitterazione e traduzione da A. KEMPINSKI - S. KOŠAK, *art. cit.*, 87sgg.; v. inoltre S. HEINHOLD - KRAHMER, *THeth.* 8, Heidelberg 1977, 278sgg.; 0. SOYSAL, *Orientalia* NS 58 (1989), 189sgg.

schema espositivo di tipo annalistico (cfr. Ro II 14' *ta-a-ma ú-it-ti* "nel secondo anno")[29].

I fatti riportati riguardano una spedizione contro la città di Purušḫanda, episodi di guerra contro i Hurriti, contro Arzawa, un'invasione hurrita fino all'interno del paese di Ḫatti e ancora scontri militari nell'area centrale e settentrionale dell'Anatolia verso Ankuwa, Tarukka, Sanaḫuitta, Ḫakmišša, Ḫattena.

Il testo è attribuito al regno di Muršili da R.S. HARDY[30], A. KAMMENHUBER[31], S. HEINHOLD-KRAHMER[32], H. HOFFNER[33]; diversamente A. KEMPINSKI - S. KOŠAK[34] ritengono che il CTH 13 rappresenti una versione ampliata degli Annali di Ḫattušili (CTH 4) e riferisca, dunque, le gesta di questo sovrano. I due studiosi arrivano a tali conclusioni sia grazie ad elementi interni al CTH 13, cioè il raffronto tra i toponimi ivi menzionati e quelli presenti nel CTH 4, così da ottenere una sorta di parallelismo tra i due documenti, sia procedendo per esclusione nelle possibili attribuzioni a sovrani diversi da Ḫattušili.

A mio parere, se è certo vero che sussistono analogie tra le campagne militari di Ḫattušili verso il sud-est e verso Arzawa e quelle descritte nel CTH 13, tuttavia l'attribuzione di quest'ultimo a Muršili non è priva di fondamento[35].

Un elemento importante di datazione è costituito dalla spedizione del re ittita contro Purušḫanda :

Ro II

6' [ÉRIN^{meš}-]*ŠU Ù* ^{giš}GIGIR^{meš} -*ŠU* ḫ[u-iulliyanun]
7' [ ]x pa-it ^{uru}Pu-ru-uš-ḫa-an-d[a(-)]
8' [-y]a ^{uru}Pu-ru-uš-ḫa-an-da-an
9' [^{uru}Pu-ru-uš-ḫa-]an-da-an ḫar-ni-in-ku-un
10' [ ]^{uru}Pu-ru-uš-ḫa-an-da ^{uru}Ḫa-at-tu-ši

29 V. H.A. HOFFNER jr., *Orientalia* NS 49 (1980), 304-305; diversamente, A. KAMMENHUBER, *Saeculum* 9 (1958), 143.
30 R.S. HARDY, *AJSL* 58 (1941), 200-201.
31 A. KAMMENHUBER, *KZ* 83 (1969), 261.
32 S. HEINHOLD - KRAHMER, *op. cit.*, 278.
33 H.A. HOFFNER jr., *Orientalia* NS 49 (1980), 304-305.
34 A. KEMPINSKI - S. KOŠAK, *art. cit.*, 96sgg.
35 Continuano a datare il CTH 13 a MURŠILI anche 0. SOYSAL, *Orientalia* NS 58 (1989), 189 n. 65; J.P. Grélois, *Hethitica* 9 (1988), 53.

11’ [L]UGAL-ša *A-NA* DAM-*ŠU* DUMU^{meš} -*ŠU*
12’ [ ] ša-am-lu-wa-an-za ga-ku-uš-mu-uš
13’ [da-a-ú - d]u? ma-an wa-ar-kán ú-li-ni-i an-da i-mị-ẹ-nu-un

---

6’ [ ] le sue [truppe] e i suoi carri co[mbattei]
7’ [ ]. andò Purušḫand[a
8’ [ ]. Purušḫanda (acc.)
9’ [Purušḫa]nda ho distrutto
10’ [ ]Purušḫanda a Ḫattuša
11’ [ ]e (io) il [r]e a sua moglie (e) ai suoi figli
12’ [ho detto:] “la mela i vostri denti
13’ [prenda]., avrei dovuto mescolare argilla con il grasso”[36]

Della ribellione di un principe di Purušḫanda ad un sovrano ittita ci informa anche l’editto reale KBo III 28 (2BoTU 10 γ), CTH 9, [37]; tra i due testi sono riscontrabili strette analogie, come si può rilevare da un confronto tra di essi; a tale fine si citano qui alcune righe di KBo III 28 :

Ro II

6’ ....šu-mu DINGIR$^{\text{aš.aš}}$ DUMU ^{uru}Pu-r[u-ušḫandumnan]
7’ ki-iš-ri-mi da-i-ir LUGAL-uš *A-NA* DAM-*ŠU* ne-ga-aš-š[a-]aš-ša
8’ i-it-te-en az-zi-kat-te-en ak-ku-uš-kat-te-en LUGAL-wa-ša
9’ [š]a-a-ku-wa-me-et le-e uš-te-ni

6’ ....e a me gli dèi il principe [di] Pu[rušḫanda]

---

36 Su questa espressione v. il saggio di SOYSAL citato nella nota precedente, pp. 190sgg. Il passo potrebbe essere inteso, però, anche come “il [r]e a sua moglie (e) ai suoi figli [ha detto:].

37 Su KBo III 28 v. E. LAROCHE, *Fs. Otten*, Wiesbaden 1973, 186sgg.; S. de MARTINO, *Oriens Antiquus* cit., con altre indicazioni bibliografiche.

7’ nella mia mano dettero, (io), il re, a sua moglie e alle s[ue] sorelle[38] (ho detto) :
8’ “andate, mangiate, bevete, e di (me), il re,
9’ i miei [o]cchi non guardate”.

L’autore di KBo III 28 è stato identificato sia in Ḫattušili I[39], sia in Muršili I[40]; come si è rilevato altrove[41], però, la menzione in KBo III 28 del “padre del re” (*ABI* LUGAL II 17’; *ABI=YA/attaš=maš* “mio padre” II 17’, 18’, 22’) e quella di un funzionario di nome Kizzuwa (II 18’-19’), probabilmente identico a Kizzui citato nella Cronaca di palazzo (KBo III 34 Ro II 32’), stabiliscono un rapporto tra i due documenti che induce a vedere nell’autore di KBo III 28, coerentemente a quanto si ritiene per la Cronaca[42], Muršili I.

Di conseguenza anche il CTH 13, che tratta dello stesso episodio della ribellione del principe di Purušḫanda, può essere datato come KBo III 28 a Muršili.

L’episodio del principe di Purušḫanda si colloca verosimilmente subito dopo l’intronizzazione di Muršili[43]. Già Ḫattušili si era trovato ad affrontare svariate rivolte e congiure che erano nate in seno alla famiglia reale; quindi non desta meraviglia che anche Muršili, nonostante il riconoscimento ufficiale del suo diritto di successione al trono che è costituito dal Testamento di Ḫattušili, abbia dovuto eliminare altri eventuali pretendenti o membri della corte che gli erano rimasti ostili[44].

Infine l’affermazione di KEMPINSKI e KOŠAK, secondo la quale il regno di Muršili dovrebbe essere stato piuttosto pacifico e dunque non vi sarebbe spazio per le molte guerre e soprattutto le incursioni hurrite in territorio ittita testimoniate dal CTH 13, mi sembra che sia poco motivata[45].

---

38 Per *nega-* “sorella”, v. H. OTTEN, *StBoT* 17, Wiesbaden 1973, 35-36; in questo passo ci aspetteremmo, però, di trovare “figli”, v. E. LAROCHE, *art. cit.*, 187 n. 26; Sh. BIN NUN, *THeth.* 5, Heidelberg 1975, 80 n. 103.

39 V. R.S. HARDY, *art. cit.*, 201 n. 87.

40 V. E. LAROCHE, *Fs. Otten cit.*, 186; Sh. BIN NUN, *op cit.*, 79-84; A. KEMPINSKI - S. KOŠAK, *art. cit.*, 87, 99.

41 V. S. de MARTINO, *Oriens Antiquus*, cit., 16-17.

42 Cfr. n. 27.

43 Sull’episodio che riguarda il principe di Purušḫanda v. ora 0. SOYSAL, *Orientalia* NS 58 (1989), 189 sgg.

44 Del resto, non è da escludere con M. LIVERANI, *Oriens Antiquus* 16 (1977), 115 n. 35, che Muršili si sia impadronito del trono con la forza vincendo gli altri pretendenti e che il testamento di Ḫattušili sia stato fatto redigere dallo stesso Muršili per legittimare la sua presa del potere.

45 V. A. KEMPINSKI - S. KOŠAK, *art. cit.*, 98.

Infatti, Muršili per conquistare Aleppo deve certo aver superato l'ostilità dei Hurriti, né è verosimile ritenere che questi, per tutta la durata del regno di Muršili, abbiano subito passivamente l'espandersi della sua potenza in Siria, quando invece sappiamo che la penetrazione ittita verso il sud, sotto Ḫattušili, era stata lenta e contrastata da continue offensive hurrite[46].

e. KUB XXIII 117, CTH 17

Questo frammento può essere messo in connessione con Muršili[47] perché vi si nomina suo padre alla r.5'(*at-ta-aš-m*[*i-iš*); infatti, come si è detto prima, è frequente nei testi fatti redigere da Muršili, che parlano del suo regno e di quello del suo predecessore, trovare citato quest'ultimo come "il padre del re" o "mio padre".

La menzione della città di Ḫaššum (r.3') e dei Hurriti (r.4') induce a ritenere che il testo tratti degli stessi eventi di cui riferisce il CTH 12.

E. LAROCHE cataloga KUB XXIII 117 come CTH 17.2 e KUB XXXVI 126 come CTH 17.3; quest'ultimo documento, che è assai lacunoso e dove si menzionano la città di Ḫaššum (Vo III 17') e i Hurriti (Vo IV 6'), in mancanza di altri elementi, potrebbe fare parte sia della descrizione delle campagne militari di Ḫattušili I che di quelle di Muršili I.

KBo III 60, CTH 17.1, può essere, invece, datato con una certa sicurezza in accordo a 0. SOYSAL[48] al regno di Ḫattušili I; KBo III 60 e anche i testi del CTH 14[49], 15[50] e 16[51] descrivono in maniera più dettagliata le operazioni militari in Siria di Ḫattušili che hanno portato alla conquista di Ḫaššum e Ḫaḫḫum e costituiscono una narrazione in parte parallela a quella degli Annali bilingui, CTH 4.

f. KBo XII 14, CTH 14.5.

Il frammento, che conserva il nome di *Ir*]*kabtum* (Ro I? 13'), re di Yamḫad, citato verosimilmente come sovrano di due generazioni precedenti a

---

46 Sulle imprese di Ḫattušili in Siria ci informano i testi del CTH 4,7,14-15,16 e 17(KBo III 60).
47 L'attribuzione di KUB XXIII 117 a Muršili è proposta anche da H.KLENGEL, *GS cit.*, I, 271.
48 0. SOYSAL, *Vicino Oriente* 7 (1987), 107-128 e in part.p. 111 con n. 16 per altre indicazioni bibliografiche.
49 V. in part. C. KÜHNE, *ZA* 62 (1972), 242-248; H. OTTEN, *StBoT* 17, Wiesbaden 1973, 60.
50 V. da ultimo H. KLENGEL, *AoF* 2 (1975), 54; S. Rosi, *SMEA* 24 (1984), 118-123.
51 V. ora 0. SOYSAL, *Hethitica* 7 (1987), 173-254.

quella dello scrivente (cfr. Ro I? 11'- 12' *ḫuḫḫaš=miš* "mio nonno")[52] allude ad uno scontro militare tra gli Ittiti e la città di Aleppo :

Vo 4 .... LUGAL-uš uruHal-pa[/ 15 É]RINmeš -*ŠU* uruḪal-pí KÁ.GAL[/6]x-ni-ir nu LUGAL-un e-ep-p[ir "4................il re [andò] contro Halpa[/ 5] le sue [t]ruppe a Ḫalpa la grande porta[/6 ....e il re prese[ro.

Il contesto è frammentario, però sembra di capire che gli Ittiti ottennero la vittoria su Ḫalpa entrando nella città e catturando il sovrano; il testo, dunque, dovrebbe riferirsi non alle campagne militari di Ḫattušili in Siria, che non portarono alla conquista di Aleppo, ma alla spedizione di Muršili contro tale città [53]. Tuttavia, un'appartenenza di KBo XII 14 al gruppo dei documenti del CTH 14-15 non può essere esclusa del tutto anche sulla base di elementi come la menzione delle ÉRINmeš *Manda* [54] (Ro I? 9') presenti pure in KBo VII 14 + KUB XXXVI 100 Ro 14 (Zaludiš GAL ÉRINmeš *Manda*), CTH 15, testo, quest'ultimo, del tempo di Ḫattušili[55].

g. KBO XVIII 151, CTH 287[56]

La tavoletta in questione è considerata da alcuni studiosi un originale antico ittita [57]; il Prof. Erich NEU mi ha comunicato per lettera che a suo parere si tratta di un testo medio ittita. Il documento conserva un oracolo del tipo KIN condotto dalla salŠU.GI di Ḫattuša; si fa menzione del re, della regina, dei Hurriti [58], delle città di Ḫaššum e, ma il passo è frammentario, di Šeraššata e Kaneš. Sono citati due nomi propri, mZikiltu e fAškilia.

La consultazione concerne l'esito di avvenimenti connessi ad uno scontro con i Hurriti; il testo dice *ḫur-la-aš ul-ḫa-a[l-li-iš-š]e-et* Vo 4 e Ro 8-9, che A.ARCHI[59] intende come "l'attacco del hurrita" connettendo *ulḫali* con il verbo *walḫ-*.

La presenza della città di Ḫaššum, che fu conquistata da Ḫattušili, la quale al centro degli eventi narrati nel CTH 12 (testo, a mio parere del tempo di Muršili)

---

52 V. H. KLENGEL, *GS cit*, I, 156.

53 V. c. KÜHNE, *BBVO cit.*, 243 n. 68; A. KEMPINSKI, *op. cit.*, 47.

54 Sulle ERÍNmeš *Manda* v. da ultimo M. LIVERANI, *Vicino Oriente* 7 (1988), 253-255.

55 V. la bibliografia citata alla n. 50.

56 Il testo è pubblicato in traslitterazione e traduzione da A. ARCHI, *Oriens Antiquus* 13 (1974), 131-138; A. ÜNAL - A. KAMMENHUBER, *KZ* 88 (1974), 164-165.

57 V. H.G. Güterbock, KBo XVIII p. VI; A. Archi, *art. cit.*, 131; A. ÜNAL - A. KAMMENHUBER, *art. cit.*, 174.

58 0. SOYSAL, *Hethitica* 7 (1987), 249 n. 249, ritiene che *Ḫurla* possa indicare un elemento oracolare e non sia da intendere come "i Hurriti".

59 A. ARCHI, *art. cit.*, 133-134.

e che poi fu di nuovo presa da Telipinu (cfr. il § 24 dell'Editto di Telipinu), potrebbe suggerire per KBo XVIII 151 una datazione a ciascuno di questi tre sovrani [60].

Elemento per un'attribuzione a Muršili potrebbe essere la menzione, tra i simboli KIN, dell'attacco hurrita, della malattia (*ištarnikai-*), della morte/ pestilenza [*ḫenkan-*); infatti nel CTH 13 si dice proprio che, in un momento particolarmente difficile per gli Ittiti che si trovavano a fronteggiare un grave attacco hurrita, gli dèi vennero in soccorso al paese di Ḫatti gettando la morte tra i Hurriti, cosicché questi cominciarono a morire, il loro comandante morì e anche il "re delle truppe hurrite" (LUGAL ÉRIN^{meš} Ḫurri) morì (cfr. KUB III 46 + KUB XXVI 75 Ro III 33'- 34', 54')[61].

Vedere in KBo XVIII 151 un resoconto oracolare richiesto proprio in riferimento agli eventi narrati nel CTH 13 offrirebbe un collegamento estremamente suggestivo tra i due testi, anche se non vi sono prove certe in proposito. A consultazioni oracolari nel tempo di Muršili in connessione con eventi bellici, sembra alludere pure KUB XXXI 64 + Vo III 3', CTH 12, (*ša-ga-iš-ša-an* "l'oracolo"), in un contesto, però lacunoso[62]. E' ovvio, però, che tali ipotesi vengono a cadere nel caso che KBo XVIII 151 sia una tavoletta medio ittita.

h. ALTRI TESTI RELATIVI ALIE IMPRESE DI MURŠILI IN SIRIA

Il nono paragrafo dell'Editto di Telipinu, CTH 19,[63] attribuisce a Muršili I soltanto due imprese : la conquista della città di Aleppo e la spedizione contro Babilonia. Prima di concludere l'esposizione su quest'ultimo evento, viene detto che Muršili aveva combattuto anche contro i Hurriti[64]

Nel cosiddetto trattato di Aleppo, KBo I 6, CTH 75, tra Muwatalli (che rinnova quello stipulato da Muršili II) e Talmi Šarruma di Aleppo[65], nel preambolo storico, si riassumono i principali avvenimenti che hanno

---

60 G. WILHELM, *Grundzüge cit.*, 30, pone KBo XVIII 151 in connessione con la conquista di Ḫaššum da parte di Ḫattušili.

61 Cfr. A. KEMPINSKI - S. KOŠAK, *art. cit.*, 90.

62 V. A. KAMMENHUBER, *THeth.* 7, Heidelberg 1976, 14.

63 V. I. HOFFMANN, *THeth.* 11 cit., 18-19.

64 V. anche *ultra.*

65 V. da ultimo H. KLENGEL, *ZA* 56 (1964), 213sgg. (21/c allora citato come inedito è ora pubblicato come KBo XXVIII 120); M. ASTOUR, *JNES* 31 (1972), 102-109; N. NA'AMAN, *JCS* 32 (1980), 34-42.

caratterizzato i rapporti tra Ḫatti e Aleppo e, tra gli altri, anche quelli che hanno portato, durante i regni di Ḫattušili I[66] e Muršili I, alla conquista di Aleppo.

Nell'inno e preghiera di Muršili II alla dea sole d'Arinna, CTH 376,[67] alle rr. 44'sgg. della seconda colonna è detto come con l'aiuto della dea Sole d'Arinna i sovrani ittiti abbiano compiuto grandi imprese militari, come appunto la presa di Aleppo e di Babilonia.

3. Il confine tra i domini ittiti e quelli hurriti dopo le conquiste di Ḫattušili

Come sappiamo da molti documenti che riferiscono le gesta di Ḫattušili I in Siria, CTH 4, 7, 14, 15, 16, 17, questo sovrano con una serie di campagne successive riuscì ad impadronirsi di Ḫaḫḫum e di Ḫaššum[68]. E' ragionevole ritenere, dunque, che il confine del regno ittita sotto Ḫattušili, al massimo della sua espansione, fosse segnato nella zona sud-orientale grosso modo dall'Eufrate. non credo, però, che tale confine sia rimasto a lungo stabile: un passo della Cronaca di palazzo ci dà un' idea di quanto fluida fosse la situazione di quanto frequenti fossero le incursioni hurrite in territorio ittita.

KBo III 34 Ro I 24, CTH 8,[69]

24 ^{uru}Ḫa-aš-šu-i ^{m}Ša-an-da-aš DUMU.É.GAL LÚ $^{u[ru]}$Ḫu-ur-ma e-eš-ta Ḫur-la-aš-ša

[66] Riguardo al problema della menzione di Ḫattušili alla r. 20 del Recto e all'identificazione di questi come Ḫattušili I o II, v. H. Otten, *Die hethitischen historischen Quellen und die altorientalische Chronologie*, Akademie der Wissenschaften und der Literatur, Mainz/Wiesbaden 1968, 3sgg.; A. Goetze, *JCS* 22 (1968), 46sgg., H.G. Güterbock, *Oriens* 21/22 (1968/69), 379; Id., *JNES* 29 (1970), 73sgg.; Id., *JCS* 25 (1973), 100sgg.; A. Kammenhuber, *Orientalia* NS 39 (1970), 278sgg., 0. Carruba, *SMEA* 14 (1971), 76sgg.; O.R. Gurney, *OLZ* 67 (1972), 451sgg.; M. Astour *JNES* 31 (1972), 102sgg.; N. Na'aman, *JCS* 32 (1980), 34sgg.; S. Košak, *Tel Aviv* 7 (1980), 166; R. Beal, *Orientalia* NS 55 (1986), 441; J. Klinger, *art. cit.*, 31sgg.

[67] V. R. Lebrun, *Hymnes et prières hittites, Homo Religiosus 4,* Louvain-La-Neuve 1980, 155sgg.

[68] Sulla localizzazione di queste due città v. G. Del Monte, *RGTC cit.*, 61-62 e 97-98; M. Forlanini, in *Atlante Storico del Vicino Oriente antico*, 4.3, Roma 1986, tav. XVI; M. Liverani, *Oriens Antiquus* 27 (1988), 166-167, nn. 10-12 con bibl.

[69] Su questo passo v. H.G. Güterbock, *ZA* 44 (1938), 113; R.S. Hardy, *art. cit.*, 191; H. Klengel, *GS cit.*, III, 208 n. 54; G. Del Monte, *RGTC cit,* 98; G. Wilhlem, *Grundzüge cit.*, 31; S. de Martino, *Oriens Antiquus,* cit. , n. 86.

25 n[a-a]ḫ-ta nu eš-ḫé pé-en-ni-iš *A-BI* L[UGAL] *IŠ-PUR* ša-ạn ku-uk-ku-re-eš-ki-ir

---

26 [^{m}Ḫa-]ni-i-iš ^{uru}Ḫa-aš-šu-ạn ḫar-tạ [(^{m}E-wa$_{a}$-ri-š)]a-tu-ni-šạ[70] ZABAR.DIB e-eš-ta

27]x ^{uru}Uš-š[a ^{dug}M(UD$_{4}$ GEŠTIN pa-iš)] ma-a-an *A-BI* LUGAL *IŠ-ME UM-MA* LUGAL-*MA*

28 (x LUGAL-uš-š)]a ka-p[(a-z)]i-la-an pí-iḫ-ḫi

29 (-na k)]u-uk-ku-ri-iš-ki-ir[71]

---

24 Šanda [72], impiegato del palazzo, uomo di Ḫurma, era a Ḫaššu(m) e i Hurriti

25 te[me]va, allora si recò dal (suo) signore, il padre del r[e] mandò (qualcuno) e lo mutilarono;

---

26 [Ḫa]ni teneva Ḫaššu(m) e Ewa$_{a}$rišatuni era coppiere

27] . la città di Ušša[73] [un va]so di vino dette, quando il padre del re udì, così il re parlò :

28 [ ]e (io) il re do *kapazila*

29] . mutilarono;

Il brano ora citato si riferisce ad un momento che è chiaramente posteriore alla conquista di Ḫaššum ad opera di Ḫattušili, perché a Ḫaššum sono stati insediati dei funzionari ittiti. Tuttavia, i Hurriti costituiscono ancora una minaccia continua, tanto che Šanda fugge da Ḫaššum e si reca dal suo signore, che forse risiede a Ḫurma, da cui lo stesso Šanda proviene, e che sembra essere il centro amministrativo ittita da cui dipendeva il sud-est anatolico.

L'insubordinazione di Šanda viene punita in modo molto grave dal padre del re, cioè da Ḫattušili; un pena così pesante, quale quella inflitta Šanda è – a mio parere – l'indizio della necessità ittita di mantenere il controllo su una zona in cui il potere ittita cominciava a vacillare per la pressione hurrita.

---

70 L'integrazione è secondo KBo III 35 I 2'.

71 KBo III 35 I 5': *ku-uk-ku-re-eš-kir*.

72 Šanda compare anche nel testo dell'assedio di Uršu(m), CTH 7.

73 Sulla città di Ušša, v. ora M. FORLANINI, *Vicino Oriente* 7 (1988), 135-136.

E’ presumibile, dunque, che i Hurriti, prima della fine del regno di Ḫattušili, abbiano passato il confine e si siano impadroniti di nuovo di Ḫaššum, che è al centro degli scontri militari testimoniati dal CTH 12. Per quanto riguarda Ḫaḫḫum, invece, questa città non compare più nelle fonti successive a Ḫattušili I e – se si accetta l’identificazione con Lidar Höyük, dove dopo la distruzione di Lidar 8, contemporanea più o meno a quella di Alalaḫ VII, sono passati circa due secoli prima della ricostruzione di Lidar 7 – è possibile che tale città non si sia più risollevata dopo la conquista ad opera di Ḫattušili[74].

4. Le operazioni militari di Muršili contro i Hurriti

Per quanto riguarda il regno di Muršili, KUB XXVI 74, CTH 10, KBo III 57, CTH 11 e l’Editto di Telipinu, CTH 19, forniscono tutti e tre lo stesso genere di informazioni, cioè che Muršili conquistò Aleppo, Babilonia e sconfisse i Hurriti.

In KBo III 57 Ro II 15’-16’ // KUB XXVI 72 10’-11’ troviamo : 15’ [*ŠA* (LÚ^{meš} KUR ^{uru}Ḫ)]ur-la-aš-ša / 16' [KUR.KUR^{meš}[75] ḫu-u-m]a-an-da ḫar<-ni->ik-ta[76] “distrusse tutti i paesi dei Hurriti”. Nel testo in questione la menzione dei Hurriti è inserita all’interno della descrizione della conquista di Aleppo, cioè dopo che stato detto che Muršili aveva preso la città, ma prima di parlare del saccheggio di questa, come se si trattasse di un evento della campagna contro Aleppo.

E’ difficile intendere da questo passo la reale portata della spedizione di è Muršili in Siria : non è chiaro in particolare se si faccia riferimento soltanto all’area intorno ad Aleppo oppure se Muršili si sia veramente inoltrato al di là dell’Eufrate[77]. H. Klengel[78] ritiene che, stante la testimonianza di KBo III 57, Muršili prima di scendere verso Babilonia abbia sentito la necessità di garantirsi la marcia di ritorno e coprirsi le spalle, assicurandosi il controllo del nord della Siria fino all’Eufrate.

---

[74] V. M. Liverani, *Oriens Antiquus* 27 (1988), 165-172.

[75] L’integrazione KUR.KUR^{meš} è stata proposta da E. Forrer, 2BoTU 20, ed è seguita da E. Cavaignac, *RHA* 33 (1938), 5; A. Kammenhuber, HW^{2}, 82 s.v. *aniya-*; A. Kempinski, *op. cit.*, 50; diversamente e in maniera altrettanto plausibile integrano URU$^{didli.ḫi.a}$ H.G. Güterbock, apud B. Landsberger, *JCS* 8 (1954), 53 n. 89; H. Klengel, *GS cit.*, I, 149; G. Wilhelm, *Grundzüge cit*, 32.

[76] KUB XXVI 72 porta *ḫar-*]*ni-ik-ta.*

[77] V. G. Wilhelm, *Grundzüge cit.*, 32; Secondo C.G. Giorgadze, *VDI* 1 (107) (1969), 71sgg., si dovrebbe intendere il passo in questione come relativo al territorio di Aleppo. Gli Ittiti avrebbero trovato la Siria talmente hurritizzata da comprendere con la designazione di “Hurriti” anche le popolazioni in parte semite.

[78] H. Klengel, *GS cit.*, III, 171.

Il nono paragrafo dell'Editto di Telipinu dà notizie analoghe a quelle di KBo III 57, con la differenza che la battaglia contro i Hurriti è inserita all'interno della descrizione della conquista di Babilonia, se pure secondo lo stesso schema adottato in KBo III 57, cioè dopo aver detto della distruzione di Babilonia, ma prima di menzionare il saccheggio di questa e il bottino portato a Ḫattuša. Secondo H.G. GÜTERBOCK[79] l'inserimento della sconfitta inferta ai Hurriti all'interno della narrazione relativa a Babilonia potrebbe essere spiegata supponendo che gli Ittiti fossero stati attaccati dai Hurriti sulla via del ritorno da Babilonia verso Ḫatti.

Come, però, ha messo in luce M. LIVERANI[80], nell'Editto di Telipinu la menzione dei Hurriti sembra essere strumentale al modello di regno che si vuole esemplificare : i Hurriti sono vittoriosi sotto sovrani illegittimi come Ḫantili e Ammuna, ma vengono schiacciati dagli Ittiti durante i "regni felici" di Ḫattušili e di Muršili. E' significativo a questo proposito che, parlando di Ḫattušili, Telipinu tralasci le incursioni hurrite cui invece allude un documento ufficiale dello stesso Ḫattušili, il testo degli Annali bilingui, KBo X 2 Ro I 24, KBo X 1 Vo 11.

Mi pare, dunque, che la spedizione di Muršili contro i Hurriti, come appare in KBo III 57, vada intesa in senso generico senza cercare di vedervi una connessione né con la marcia verso Aleppo, né con quella verso Babilonia.

Si tratta, infatti, di una fonte redatta in epoca successiva a Muršili e improntata più ad uno spiccato tono encomiastico nei confronti del regno di Muršili, che al desiderio di fedeltà storica.

Notizie più dettagliate, e anche meno ottimistiche, forniscono il CTH 12 e 13. Stabilire un rapporto tra i due documenti risulta difficile, sia per la loro frammentarietà, sia per il diverso carattere della narrazione : questa nel CTH 13 segue uno sviluppo annalistico, mentre nel CTH 12 si svolge come un racconto storico che privilegia alcuni momenti delle imprese di Muršili, senza fornire indicazioni sulla loro esatta successione cronologica. A parte la menzione dei Hurriti, frequente in ambedue i testi, i toponimi comuni ai due documenti sono pochi : le città di Ḫatra, Ḫurma e Tarukka.

In KUB XXXI 64 + si descrivono azioni militari condotte da Muršili in due direzioni, verso Ḫaššum e verso Tagarama, cioè nell'area sud-est e est dell'Anatolia[81]. La menzione di Ḫaššum non sorprende, perché era necessario

---

79 N.C. GÜTERBOCK, *Cahiers d'Histoire Mondiale* 2 (1954), 385.
80 M. LIVERANI, *Oriens Antiquus* 16 (1977), 126sgg.
81 Cfr. in particolare Vo III 9'-11'.

per Muršili riassicurare la sovranità ittita nei territori già conquistati da Ḫattušili, per poi spingersi oltre verso Aleppo. Tagarama, che si trova a est di Ḫurma, rappresenta in epoca successiva uno dei passaggi per penetrare nel cuore dello stato di Mitanni : Šuppiluliuma I passa attraverso Tagarama per arrivare in territorio hurrita[82].

A causa dello stato lacunoso nel testo non sappiamo se gli Ittiti siano sulla difensiva (come farebbero suppore le rr. 13"-14" della col. III del Verso ur]u *Ḫa-at-tu-ša-an pa-aḫ-ša-nu*[- \ *14"* uru*K*[*a-ta-pa-an pa-aḫ-ša-nu-x*[, che alludono ad un minaccia cui la stessa città di Ḫattuša sarebbe scampata)[83] oppure sull'offensiva attaccando i Hurriti su due fronti.

Dal CTH 13 si ricavano informazioni maggiori; la parte superstite della seconda colonna inizia con l'episodio della ribellione del principe di Purušḫanda, poi nell'anno successivo iniziano gli scontri con i Hurriti, grazie anche alla defezione di città ittite di frontiera com Ḫatra[84] e Šukzia[85]. I Hurriti si spingono fino a Ḫurma (cfr. Ro II 32' : [DINGIRmeš)] uru*Ḫu-ur-um-ma-an* PAB-*aḫ-ša-nu*[*-ir*] "gli dèi protessero Ḫurma), finché per intervento divino una pestilenza elimina le truppe hurrite e il loro capo Nippa[86]. L'esercito hurrita è costretto ad abbandonare l'assedio di Ḫurma e ad arretrare a Šukziya per svernare. Contemporaneamente Muršili, dopo aver messo insieme un grosso esercito, arruolando anche tremila *ḫabiru* si dirige, forse considerando il fronte orientale stazionario, verso Arzawa. Un certo numero di città ittite, però, passano dalla parte hurrita[87]; ancora una volta gli dèi non abbandonano Ḫatti e addirittura il re delle truppe hurrite[88] muore. I Hurriti sono menzionati ancora nella terza colonna del Verso, rr. 19, 36 e qui compaiono anche le città di Ankuwa e di Tarukka, cioè la regione centrale dell'Anatolia[89].

Dal CTH 12 e 13 si ricava dunque l'impressione che Muršili fu impegnato per alcuni anni in una serie di spedizioni militari in tutta l'Anatolia, in seguito alle quali poté riaffermare la supremazia ittita su quei territori che Ḫattušili

---

82 Cfr. gli Annali di *Šuppiluliuma* 28 II 26-28 (CTH 40), editi da H.G. GÜTERBOCK, *JCS* 10 (1956), 93.

83 Non è chiaro in che modo si colleghi la menzione di Arinna (Ro II 1'-10') al resto della narrazione, v. 0. SOYSAL, *Hethitica* 7 (1987), 243 n. 203.

84 Su Ḫatra, v. G. Del MONTE, *RGTC cit.*, 104; A. KEMPINSKI - S. KOŠAK, *art. cit.*, 100-101.

85 Su Šukziya, v. G. Del MONTE, *RGTC cit*, 363-364; A. KEMPINSKI - S. KOŠAK, *art. cit.*, 101.

86 Su questo personaggio v. A. KEMPINSKI - S. KOŠAK, *art. cit.*, 91.

87 Una localizzazione delle città menzionate nel passo in questione risulta difficile perché alcuni toponimi sono *hapax*; secondo A. KEMPINSKI - S. KOŠAK, *art. cit.*, 91, si tratterebbe della regione centro-settentrionale dell'Anatolia.

88 LUGAL ÉRINmeš *Ḫurri*; su questo titolo v. S. de MARTINO, *Seminari dell'Istituto per gli Studi Micenei ed Egeo-Anatolici* (anno 1990), Roma 1991, 78.

89 V. G. Del MONTE, *RGTC cit.*, rispettivamente 19-23, 408-409; A. Kempinski - S. KOŠAK, *art. cit.*, 107-109.

aveva conquistato, ma che non era facile mantenere, soprattutto in momenti di disordine interno, come quelli connessi alla successione di Ḫattušili.

6. Il ruolo tenuto dai Hurriti in occasione della spedizione di Muršili contro Babilonia

Considerata l'aggressività dei Hurriti per tutta la prima parte del regno di Muršili, la spedizione contro Babilonia risulta difficilmente comprensibile, perché sarebbe stato estremamente pericoloso portare l'esercito ittita tanto lontano dall'Anatolia e perché la marcia di ritorno avrebbe potuto essere ostacolata o addirittura impedita dalle truppe hurrite.

Non sappiamo quali motivi e quali cause possano aver neutralizzato i Hurriti. La conquista di Aleppo ha rappresentato certo una disfatta per i Hurriti, privandoli del loro alleato nord-siriano; tuttavia sarebbe logico aspettarsi che mentre Muršili era diretto verso Babilonia i Hurriti avessero di nuovo attaccato Ḫatti, se non dal lato siriano, ormai in mano ittita, almeno dal confine di Tagarama.

Si è ipotizzato che Muršili avesse preventivamente stretto alleanza con i Cassiti[90] o con Ḫana[91]. Un accordo di tal genere avrebbe potuto assicurare una qualche tranquillità alle operazioni di Muršili in Mesopotamia, perché i Hurriti si sarebbero sentiti minacciati da sud.

Forse lo stato hurrita stava attraversando un momento di crisi interna, analogo a quello testimoniato da KBo I 11 Vo 7, dove si dice che i "figli del dio della tempesta"[92] combattono tra di loro per la regalità[93].

A semplice titolo di ipotesi, mi chiedo se non si possa supporre anche che Muršili, dopo aver preso Aleppo e aver portato il confine ittita all'Eufrate, non abbia stretto un qualche patto con i Hurriti ottenendo la loro neutalità in un'operazione che, determinando un ulteriore indebolimento di Babilonia, avrebbe potuto offrire dei vantaggi a tutte le popolazioni della Mesopotamia settentrionale e, quindi, anche agli stessi Hurriti.

---

90 V. B. Landsberger, *JCS* 8 (1954), 64sgg; E. von Schuler, in *La Siria nella tarda età del Bronzo,* Roma 1969, 103-104.

91 V. M. Liverani, *Antico Oriente*, Storia Economia Società, Roma 1988, 421-422; v. però la diversa analisi delle fonti proposta da C. Kühne, *BBVO cit.*, 239 n. 47. Sul ruolo tenuto dai Hurriti in occasione della spedizione di Muršili contro Babilonia v. ora S. de Martino, *Seminari cit.*, 74-75.

92 Su questo titolo v. S. de Martino, *Seminari cit.*, 72, 78-79.

93 L'ipotesi è avanzata da J. Klinger, *art. cit.,* 36-37.

Una soluzione univoca non è, per ora, possibile; resta però un dato di fatto che i Hurriti costituiscono, durante la prima fase del regno di Muršili, il problema più spinoso in politica estera. I successi militari riportati da Muršili sono, inoltre, di breve durata e dopo la sua morte i Hurriti penetrano di nuovo nel territorio ittita oltrepassando il confine dell'Eufrate.

Infine, il fatto che i Hurriti abbiano impegnato forze militari ed energie contro gli Ittiti in modo continuativo per un lungo numero di anni, sia combattendo direttamente, sia sostenendo i loro alleati nord-siriani, mi sembra costituire un'altra eventuale prova di quanto si ipotizzato all'inizio di questo lavoro, cioè che al tempo di Muršili già potesse essersi formato uno stato hurrita.

Istituto per gli Studi Micenei ed Egeo-Anatolici
C.N.R.
via Giano della Bella 18
I-00162 Roma
Italia

BCILL 59 : *Hethitica XI*, 39-101

LES GUERRES SYRIENNES DE SUPPILULIUMA ET LA FIN DE L'ÈRE AMARNIENNE

J. FREU

LE CADRE CHRONOLOGIQUE

Des bouleversements de caractère politique, religieux et culturel ont affecté les pays de la Méditerranée orientale et du Proche-Orient au cours du 14ème siècle avant notre ère. La Crète minoenne est alors passée aux mains des Achéens, l'Égypte a connu une profonde, quoique éphémère, révolution religieuse et le royaume de Hatti est redevenu pendant le règne de Suppiluliuma (1353-1322) une grande puissance capable de rivaliser avec l'Égypte, la Babylonie kassite, l'Assyrie renaissante et le lointain pays d'Aḫḫiyawa (royaume de Mycènes). Les souverains de Mitanni (Hurri) qui avaient longtemps dominé la Haute-Mésopotamie et la Syrie du Nord, qui avaient été les adversaires puis les alliés des pharaons, ont fait les frais de cette nouvelle donne qui a surtout profité aux Hittites et aux Assyriens[1].

Les textes cunéiformes découverts à Boğazköy (Hattusa), Ras Shamra (Ugarit), Tell Açana (Alalakh), Kamid el-Loz (Kumidi) et divers autres sites ont permis de retracer l'histoire diplomatique de cette époque mais les archives les plus riches et les plus vivantes restent celles qui ont été déterrées il y a un siècle à el Amarna, en Moyenne Égypte[2].

---

1 K.A. KITCHEN, *Suppiluliuma and the Amarna Pharaohs*, Liverpool, 1962; H. KLENGEL, *Geschichte Syriens im 2. Jahrtausend v.u.Z.*, Berlin, 3 vol., 1965, 1969, 1970; P. GARELLI, *Le Proche Orient asiatique des origines aux invasions des Peuples de la Mer,* 1969, 160-176; 311-316; W. HELCK, *Die Beziehungen Ägyptens zu Vorderasien im 3. und 2. Jahrtausend v. Chr.*, 2ème édit., Wiesbaden, 1971; M. DROWER, "Syria ca 1550-1400", *CAH* II/1, 1973, 417-525; A.GÖTZE, "The struggle for the domination of Syria", *CAH* II/2, 1975, 16-20; W. HELCK, *Die Beziehungen Ägyptens und Vorderasiens zur Ägäis bis ins 7. Jahrhundert v. Chr.*, Darmstadt, 1979; W.J. MURNANE, The Road to Kadesh, *SAOC* 42, Chicago, 1985; F. SCHACHERMEYR, *Mykene und das Hethiterreich,* Vienne 1986; A.HARRAK, Assyria and Hanigalbat, *OLMS* 1987; J. FREU, "Le monde mycénien et l'Orient", *Lama* 10, Nice 1989, 33-173.

2 J.A. KNUDTZON, O. WEBER, E. EBELING, *Die El-Amarna Tafeln*, 2 vol., Leip. 1915; A.F. RAINEY, *El Amarna Tablets 359-379, AOAT* 8, 2ème édit. 1978; W.L. MORAN, *Les lettres d'El Amarna, Correspondance diplomatique du Pharaon, LAPO* 13, Paris 1987.

Le pharaon Akhenaton (Aménophis IV) avait fondé en ce lieu la capitale du dieu unique dont il était le prophète, Akhetaton, “l’horizon du disque”[3].

Lors du départ de la cour, en l’an IV de Tutankhamon, les tablettes conservées au “bureau des affaires étrangères” furent enterrées sur place. 382 ont été retrouvées et publiées. La plupart sont des lettres adressées au pharaon par les grands rois asiatiques et par ses vassaux syriens et cananéens[4].

Les données fournies par ces messages diplomatiques ou administratifs apportent d’utiles précisions sur le nombre, le caractère et la durée des interventions hittites en Syrie. Elles permettent de combler les lacunes de la “Geste de Suppiluliuma” et de tester les hypothèses qui tendent à remettre en cause la chronologie des campagnes du grand roi hittite et à réduire son règne à une vingtaine d’années[5].

Les études les plus récentes semblent montrer que Ramsès II est monté sur le trône en septembre 1279 av. J.C.[6]. Mais les spécialistes qui ont adopté cette “chronologie basse” n’ont pu se mettre d’accord sur la datation des règnes de la 18ème dynastie.

Ceux qui font confiance à la “chronologie sothiaque” sont divisés à propos du lieu d’observation du lever héliaque de Sirius (Sothis). Pour R. PARKER et les partisans de Thèbes le phénomène observé en l’an IX d’Aménophis Ier et consigné dans le papyrus Ebers s’est produit en l’an 1519 avant notre ère[7]. Pour R. KRAUSS qui préfère se placer à Eléphantine il a eu lieu en 1507 av. J.C.[8].

---

3 J.D.S. PENDLEBURY et alii, *The City of Akhenaten* III, 2 vol., London 1951; J. SAMSON, *Amarna City of Akhenaten and Nefertiti*, 2ème édit., Warminster 1978.

4 O. WEBER, EAT II, 1915, 1009-1357; E.F. CAMPBELL, *The Chronology of the Amarna Letters*, Baltimore 1964, 31-65 et 66-105; W.L. MORAN, “Introduction”, *LAPO* 13, 13-56.

5 D.B. REDFORD, *History and Chronology of the eighteenth Dynasty of Egypt*, Seven Studies, Toronto 1967, 216-225; R. KRAUSS, *Das Ende der Amarnazeit*, Beiträge zur Geschichte und Chronologie des neuen Reiches, *HÄB* 7, Hildesheim 1978, 166-276; G. WILHELM, J. BOESE, “Absolute Chronologie und die hethitische Geschichte des 15. und 14. Jahrhunderts v. Chr.”, High, Middle or Low ?, *Acts of an international Colloquium on absolute Chronology*, Univ. of Göthenburg 20th-22nd aug. 1987, P. ÅSTRÖM édit., Göteborg I, 74-117.

6 E. HORNUNG, “Lang oder Kurz ?” – das Mittlere und Neue Reich Ägyptens als Prüfstein”, *HML*, 1987, 27-36, biblio; K.A. KITCHEN, “The basics of egyptian chronology in relation to the Bronze Age”, *HML* 1987, 37-55, biblio.

7 R. PARKER, “The Sothic Dating of the twelfth and eighteenth Dynasties”, *Studies G.R. Hughes, SAOC* 39, Chicago 1977, 177-189; E.F. WENTE, Ch. C. VAN SICLEN, “A Chronology of the New Kingdom”, ibid. *SAOC* 39, 1977, 217-261, biblio.

8 R. KRAUSS, “Das Sothisdatum des Pap. Ebers”, Das Ende der Amarnazeit, 189-193; id., “Sothis, Elephantine und die altägyptische Chronologie” *GM* 50, 1981, 71-80; id., “Korrekturen und Ergänzungen des MR und NR - eine Zwischenbericht”, *GM* 70, 1984, 37-43; R. KRAUSS, *Sothis-und Monddaten, Studien zur astronomischen und technischen Chronologie Altägyptens, HÄB* 20, Hildesheim 1985.

D'autres savants, comme W. HELCK, ne font plus une entière confiance aux dates sothiaques et préfèrent se fier aux données chiffrées fournies par les inscriptions contemporaines et à celles que nous a transmises la tradition manéthonienne[9]. Les recherches menées sur le site d'Amarna ont apporté des précisions intéressantes sur la date probable de son inauguration[10].

Mais les résultats auxquels ont abouti les égyptologues doivent être confrontés avec les datations "assyriologiques" qui ont subi d'importantes modifications ces dernières années[11]. C'est une chronologie moyenne tenant compte de la corégence entre Aménophis III et Akhenaton qui semble le mieux convenir à la solution de ce difficile problème. Si on attribue, ce qui est le plus probable, quinze ans de règne à Séthi Ier, on peut établir une parfaite corrélation entre les dates égyptiennes et celles des rois hittites. Il faut pour cela admettre que le phénomène observé en l'an X de Mursili II est bien l'éclipse solaire du 24 juin 1312. L'avènement de Mursili II est ainsi fixé en 1321 av. J.C. et la mort de Suppiluliuma en 1322. La guerre de six ans qui a terminé le règne de ce dernier a donc débuté en 1328, l'année de la mort de Tutankhamon, ce qui est une remarquable confirmation du bien-fondé de ce système chronologique[12].

Il est difficile de classer et de dater les 350 lettres retrouvées à el Amarna. Les messages des vassaux du pharaon sont adressés "au roi, mon seigneur", à l'exception de plusieurs lettres du prince de Qatna, Akizzi, et de quelques

---

9 W. HELCK, "Was kann die Ägyptologie wirklich zum Problem der absoluten Chronologie in der Bronzezeit beitragen ? "*HML*, 1987, 18-26; W. HELCK, "Erneut das Angebliche Sothisdatum des Pap. Ebers und die Chronologie der 18. Dynastie", *SAK* 15, 1988, 149-164.

10 R.A. WELLS, "The Amarna M, X, K bundary stelae date : a modern calendar equivalent", *SAK* 14, 1987, 313-338; W.J. MURNANE, "The first occasion of the discovery of Akhet-Aten", ibid. 1987, 239-256; R. KRAUSS, "Drei Korrekturen und eine Ergänzung zu R. WELLS "Amarna calendar equivalent", *GM* 103. 1988, 39-44; R.A. WELLS, "On Chronology in Egyptology", *GM* 108, 87-96, qui date "l'inauguration d'Akhetaton" du 20 février grégorien 1351 av. J.C. et l'avénement du roi entre le 10 et le 17 novembre 1355; R. KRAUSS, "Alte und neue Korrekturen zu R.A. Wells" Amarna calendar equivalent", *GM* 109, 1989, 33-36.

11 A. BRINKMAN, Materials and Studies for Kassite History I, Chicago 1976; C. KÜHNE, "Politische Szenerie und internationale Beziehungen Vorderasiens um die Mitte des 2. Jahrtausends v Chr. (zugleich ein Konzept der Kurzchronologie)", in : *Mesopotamien und seine Nachbarn, Nissen-Renger* édit., BBVO I/1 (XXV.RAI), 1982, 203-264; J. BOESE, G. WILHELM, "Aššurdān I., Ninurta-apil-ekur und die mittel-assyrische Chronologie", *WZKM* 71, 1979, 19-38; J. BOESE, "Burnaburiaš II., Melišipak und mittelassyrische Chronologie", *UF* 14, 1982, 15-26.

12 E. FORRER, "sakija(ḫ) = "verfinstern", *KLF* 1, 1930, 273-285; A. GOETZE, "Nochmals sakijaḫ(ḫ)", ibid., 401-413; G. WILHELM, J. BOESE, *HML* 1987, 107-108, proposent l'alternative : 24/6 1312 ou 13/4 1308 av. J.C. La première date est seule compatible avec les synchronismes égyptiens.

autres[13]. Toutes celles du roi d'Alasiya (Chypre) le sont "au roi d'Égypte, mon frère"[14].

Égypte	**Hatti**	**Babylone**	**Assur**	**Mitanni**
Tuthmosis IV	Arnuwanda Ier	Kurigalzu	Aššurrimnišešu	Artatama
1390-1380	1400-1375	1385-1361	1398-1391	1410-1385
			Aššurnadinaḫḫe	Šutarna II
Aménophis III	Tutḫaliya III	Kadašman-Enlil	1390-1381	1385-1360
1380-1343	1375-1348	1360-1346	Eriba-Adad	Artašumara
			1380-1354	1360-1355
Akhenaton	Suppiluliuma	Burnaburiaš		
1354-1337	1353-1322	1345-1319	Aššuruballit	Tušratta
			1353-1318	1355-1335
Smenkhkarê				Artatama (II)
1340-1338				Šutarna (III)
Tutankhamon				
1337-1328				
Aye	Arnuwanda II	Karahardaš		Sattiwaza
1328-1324	1322-1321	1318		1325-
Horemheb	Mursili II	Kurigalzu II	Enlilnirari	
1324-1295	1321-1295	1318-1292	1317-1306	

Les rois de Babylone, de Mitanni, d'Assur et de Hatti donnent à leur correspondant son nom solaire transcrit en akkadien, ce qui permet de l'identifier. Trois pharaons sont cités :

Nimmu(wa)riya : Nb-m3ʿt-Rʿ/Aménophis III
Naphu(ru)riya : Nfr-ḫprw-Rʿ/Akhenaton
Niphuririya: Nb-ḫprw-Rʿ/Tutankhamon

---

13 EA 53, 1; EA 55, 1; EAT II, 1613; E.F. CAMPBELL, *Chronology*, 68

14 EA 33-39; EAT II, 1076-1086; E.F. CAMPBELL, *Chronology*, 41-42, C. KÜHNE, *Die Chronologie der internationalen Korrezpondanz von El Amarna, AOAT* 17, Neukirchen-Vluyn, 1973, 85ss.

Les lettres EA 9 et EA 210 sont les seules qu'on puisse attribuer avec certitude à Tutankhamon malgré les efforts répétés faits pour les donner à Akhenaton[15]. Mais il est plus que probable que des lettres tardives de princes vassaux, telles que EA 51, EA 139-140, EA 169-170, EA 173-176 et, bien entendu EA 210, sont arrivées à Akhetaton de l'an I au début de l'an IV du jeune souverain[16].

Diverses hypothèses ont été avancées pour expliquer la présence à el Amarna de tablettes adressées à Nimmureya/Aménophis III et à ses officiers, dont certaines sont des billets insignifiants. Comme tous les textes akkadiens étaient traduits pour les besoins de la chancellerie pharaonique, il est presque certain que ces missives lourdes et encombrantes sont restées dans les bureaux qui les avaient reçues.

Quand Aménophis III séjournait dans son palais de Malkata, à Thèbes, c'est le texte traduit, écrit en hiératique sur papyrus, qui lui était transmis. La structure des "dossiers épistolaires" amarniens est un argument de poids en faveur d'une corégence de onze ans entre le vieux roi et son fils. A partir de l'an V d'Akhenaton toute la correspondance diplomatique a été centralisée dans la nouvelle résidence, ce que confirment les inscriptions hiératiques peintes à l'encre noire, sur les tablettes, par les scribes chargés de les classer et de les traduire[17].

Une lettre de Lab'ayu, prince de Sichem, EA 254, porte la mention "(an) ...2", à lire "an 32" (d'Aménophis III) puisque Lab'ayu appartient à la première génération des princes amarniens[18]. Une missive du roi de Mitanni Tušratta est clairement datée : "an 36, 4ème mois de l'hiver" (EA 23) alors qu'une lettre du même roi, de peu postérieure, mais adressée cette fois à Akhenaton a reçu l'apostille : "(an) 12, 1er mois de l'hiver, jour ..., alors qu'on (le roi) était dans la cité du sud, au palais du H'm3ẖt; une copie de la lettre de Naẖarin (Mitanni) qu'apportèrent Pirizzi et le messager (Tulupri) (a été faite/transmise)". Bien que

---

15 E.F. CAMPBELL, *Chronology*, 53-62 (EA 9; biblio); W.L. MORAN, *LAPO* 13, 55 n. 136.

16 K.A. KITCHEN place en l'an III ou IV de Tutankhamon la fermeture de l'archive amarnienne, *Suppiluliuma*, 1962, 47; Ph. H.J. HOUWINK ten CATE, compte-rendu de KITCHEN, *BiOr* 20, 1963, 270-276, a insisté sur le fait que les annales hittites ne font mention que de la seconde attaque contre le pays d'Amki, contemporaine de la mort de Tutankhamon. La première invasion s'est produite avant la fermeture de l'archive amarnienne et trouve un écho dans les lettres des vassaux du pharaon, EA 170 et suivantes, adressées à Tutankhamon ou à Aziru, pp275s.

17 E.F. CAMPBELL, *Chronology*, 24-25; C. KÜHNE, *Die Chronologie*, 37, n. 178; W.L. MORAN, *LAPO* 13, 138-139, n. 6; 176, n.17.

18 EAT II, 1312-1318; E.F. CAMPBELL, *Chronology*, 103-105.

le chiffre 10 ne soit plus que partiellement lisible, la restitution est certaine[19]. Il est absurde de supposer, comme on l'a fait, que la tablette EA 27 est la copie dont parle le scribe, ce que dément par ailleurs l'analyse de l'argile utilisée[20]. Akhenaton est monté sur le trône, comme corégent de son père entre le premier et le huitième jour de prt (entre le 10 et le 17 novembre). Onze ans plus tard, après les cérémonies funéraires qui expliquent son déplacement à Thèbes, et qui duraient au moins 70 jours, il a célébré son avènement personnel au début de l'an XII par le grand "durbar" où étaient conviés ambassadeurs des rois étrangers, vassaux et hauts dignitaires de la cour. Deux tombes amarniennes donnent le date des festivités, celle de Huya, grand chambellan de la reine-mère Tyi, et celle de Meryrê, chambellan de Nefertiti : "2ème mois de prt, 8ème jour, an 12", le 17 décembre 1343 vraisemblablement[21].

A cette époque charnière qui divise en deux parties sensiblement égales la courte vie, environ quinze ans, de l'an XXXII d'Aménophis III, correspondant à l'an V/VI d'Akhenaton, à l'an IV de Tutankhamon, de la capitale du pharaon "hérétique", Suppiluliuma avait déjà pénétré en Syrie et préparait une campagne décisive contre Tušratta et le Mitanni. Il est donc impossible de placer, comme on vient de le proposer, son avènement après la mort d'Aménophis III[22]. Mais l'acceptation d'une longue corégence entre les deux pharaons contemporains permet d'éviter l'attribution d'un trop long règne au roi hittite et résoud une bonne partie des problèmes soulevés par G. WILHELM et J. BOESE tout en écartant l'affirmation insoutenable de ces deux auteurs selon laquelle toutes les lettres de vassaux conservées à el Amarna auraient été adressées à Akhenaton[23].

---

19 H. WINCKLER, Der Thontafelfund von El Amarna I, 1889, pl. 19; C. ALDRED, *Akhenaton, le pharaon mystique*, tr.fr. 1969, 113-114, pl. 117, p. 231; C. KÜHNE, *Die Chronologie*, 43-45, n. 205; W.L. MORAN, *LAPO* 13, 53, n. 130;

20 C. KÜHNE, ibid., 44-45, n. 209; A. DOBEL, F. ASARO, H.V. MICHEL, "Neutron Activation analysis and the location of Wassukanni", *OR* 46, 1977, 375-382.

21 C. ALDRED, "Year Twelve at El Amarna", *JEA* 43, 1957-1958, 114-117.

22 G. WILHELM, J. BOESE, *HML*, 1987, 85-87.

23 C. ALDRED, "Le cas d'une corégence", Akhenaton, *op. cit.* 1969, 98-114, contra : D.B. REDFORD, "The alleged coregency of Amenhotpe III and Akhenaten", *History and Chronology* 1967, 88-182; W.J. MURNANE, Ancient Egyptian Coregencies, *SAOC*, Chicago 1977, 123-169 qui accepte cependant la lecture "an XII" sur la tablette EA 27; cf. W.L. MORAN, *LAPO* 13, 53 n. 130; mais voir aussi : H. FAIRMAN in J.D.S. Pendlebury et alii, *CoA* III, 1951, ch. 10, "The Inscriptions", 152-200; E.F. CAMPBELL, *The Chronology of the Amarna Letters.* With special reference to the hypothetical coregency of Amenophis III and Akhenaten, Baltimore 1964, en particulier ch. II, pp. 6-30; R. HARI, "Un nouvel élément de la corégence Aménophis III - Akhénaton", *CdE* 102, 1976, 251-260; J. BENTLEY, "Amenophis III and Akhenaten: Coregency proved?", *JEA* 66, 1980, 164-165; K.A. KITCHEN, *Suppiluliuma and the Amarna Pharaohs*, 1962, admettait une corégence de huit ans. Il maintient cette possibilité dans "The basics of egyptian chronology", *HML* 1987, table 4, p. 52.

L'ARZAWA, LE KIZZUWATNA ET L'ISUWA

Un texte du roi Hattusili III, petit-fils de Suppiluliuma, KUB XIX 9 (CTH 83), a été souvent utilisé pour établir la chronologie du règne du grand conquérant et de ses guerres syriennes. Il s'agit en fait d'une présentation schématique d'événements beaucoup plus complexes. Suppiluliuma aurait d'abord guerroyé pendant 20 ans pour rétablir l'ordre dans son empire, c'est-à-dire en Anatolie, puis il aurait consacré les six dernières années de sa vie à vaincre "tous les pays hourrites", à repousser les frontières du Hatti jusqu'à l'Amurru et Qadesh et à installer ses fils comme rois à Alep et Karkémish après avoir vaincu le roi d'Égypte (CTH 83 I, 6'-23')[24].

Il est facile de montrer que le chiffre "20" qui revient souvent dans les textes de l'époque n'a qu'une valeur relative[25] mais surtout que les lettres amarniennes apportent un démenti formel à l'idée d'une seule guerre "hourrite" de six ans qui aurait réglé d'un coup le sort du Mitanni et des principautés de la Syrie du nord. Elles prouvent au contraire que Suppiluliuma a été actif dans toute la région pendant les quinze ans qu'a duré cette correspondance et que la guerre de six ans qui a terminé le règne est postérieure à la fermeture des bureaux d'Akhetaton[26].

Mais il reste vrai, comme le montrent les fragments conservés de la Geste de Suppiluliuma (CTH 40) que le roi a consacré une grande partie de son règne à lutter contre les ennemis traditionnels qui avaient failli détruire le Hatti à la fin du règne de son père Tuthaliya III, montagnard Gasgas de la région pontique, Arzawa, Masa, Armatana, Hayasa et autres[27].

Or il existait à el Amarna un mince dossier constitué par deux lettres rédigées en langue nésite (hittite), ce qui est unique dans toute l'archive : EA 31 est la copie ou la minute d'une lettre d'Aménophis III au roi d'Arzawa Tarḫundaradu; EA 32 a conservé la fin de la réponse de ce dernier. Le pharaon désirait obtenir la main de la fille de son correspondant et l'envoi de prisonniers gasgas (EA 31, 24-26). Tous les spécialistes en ont déduit que cet échange épistolaire entre la vallée du Nil et un lointain royaume situé au sud et au sud-ouest de l'Asie mineure avait eu lieu avant l'avènement de Suppiluliuma[28]. Celui-ci avait, en effet, mené de vigoureuses campagnes contre les "armées

---

24 K.A. KITCHEN, *Suppiluliuma and the Amarna Pharaohs*, 3-5, table p. 39.

25 G. WILHELM, J. BOESE, "Absolute Chronologie", *HML* 1987, 90-91.

26 H.G. GÜTERBOCK, "The Deeds of Suppilulium as told by his son, Mursili II; *JCS* 10, 1956, 41-68; 75-98; 107-130; "Septième tablette" et débuts de la guerre de six ans", fragment 28, ibid. 92-98; cf. *CTH* 52 I 35-67.

27 Deeds of Suppiluliuma, fr. 15-24; 28 I 1-50; 33-34; 37 (CTH 40).

28 EA 31-32, *LAPO* 13, 192-195; L. ROST, *MIO* 4, 1956, 328-340; S. HEINHOLD-KRAHMER, Arzawa, *TdH* 8, 1977, 52-53.

d'Arzawa", d'abord comme corégent, sous les ordres de son père, puis seul après la mort de ce dernier survenue au cours des opérations[29]. Cette interprétation qui garde des partisans[30] a été mise en doute par F. STARKE[31]. Les lignes 25-27 de EA 31 sont difficiles :

> "nu-mun an-tu-uḫ-šu-uš Ga-aš-ga-aš KUR-ya-aš up-pí iš-ta-ma-aš-šu-un zi-in-nu-uk ḫu-u-ma-an-da // nu Ḫa-ad-du-ša-aš-ša KUR-e i-ga-it"

H. G. GÜTERBOCK traduisait : "Send me people of the land of the Gasgas. I have heard (that) everything (is) finished. And the land of Hattusa, too, has gone to pieces"[32].

Mais "zinnuk" est un hapax et "igait(ta)" est une forme verbale dérivée du mot "ega-", "glace", d'origine indo-européenne. Développant une suggestion faite dès 1931 par E. CAVAIGNAC[33], F. STARKE a proposé de relire ce paragraphe de la lettre en supposant qu'il s'agit d'une traduction maladroite d'un original égyptien. Il faudrait comprendre : "Envoie-moi des Gasgas. J'ai entendu tout ce que tu m'as dit, que le pays de Hattusa est en paix" (E. CAVAIGNAC proposait "est calmé"). La parole de Tarḫundaradu citée par le pharaon aurait été destinée à rassurer celui-ci sur la sécurité des routes empruntées par ses envoyés. W.L. MORAN et V. HAAS ont rejeté cette interprétation à cause de ses implications historiques[34]. Elle a cependant l'avantage d'expliquer les anomalies du texte. Les scribes chargés d'expédier les tablettes traduisaient un texte rédigé en hiératique dans la langue du roi et de ses officiers. Familiers de l'akkadien, ils l'étaient moins du "nésite" (EA 32, 24-25 : "Toutes les tablettes qui sont amenées ici, écris (-les) toujours en nésite"). Les deux lettres peuvent dater, dans ce cas, de n'importe quelle année de la fin du règne d'Aménophis III et on n'a plus à envisager le transfert de ce dossier à el Amarna lors de l'installation des bureaux (1349-1348 av. J.C.). Il subsiste cependant une difficulté. La Geste de Suppiluliuma ne cite pas Tarḫundaradu mais plusieurs "princes d'Arzawa". L'ultimatum du grand roi (Deeds, fr. 18, 10) semble adressé à leur "chef", Anzapaḫḫaddu. Mais le nom du destinataire a disparu dans une lacune et la restitution n'est pas sûre. Au cours de son règne, Suppiluliuma, à une date

---

29 Deeds of Suppiluliuma, fr. 14-15; 18-19; S. HEINHOLD-KRAHMER, ibid. 57, 62-66.

30 W.L. MORAN, V. HAAS, *LAPO* 13, 194 n. 8; mais cf. ibid. p. 48 n. 119.

31 F. STARKE, "Zur Deutung der Arzawa-Briefstelle VBot 1, 25-27", *ZA* 71, 1981, 221-231.

32 H.G. GÜTERBOCK, "Lexicographical Notes III, 17. Zinnuk", *RHA* XXV/81, 1967, 141-150, p. 145.

33 E. CAVAIGNAC, *RHA* I, 1931, 104 nn. 19-20; cf. F. JOSEPHSON, "Pronominal adverbs of Anatolian : formation and function", *RHA* XXIV/79, 1966, 133-154, n. 39 p. 149. Pour le contexte historique et chronologique cf. : P.H.J. HOUWINK ten CATE, compte-rendu de KITCHEN, Suppiluliuma and the Amarna Pharaohs, *BiOr* 20, 1963, "The date of the Arzawa letters", pp. 272s

34 W.L. MORAN, V. HAAS, *LAPO* 13, 193 et n. 8 p. 194 mais cf. ibid. n. 119 p. 48.

indéterminée, a signé un traité en bonne et due forme avec un nouveau roi d'Arzawa qui sera l'adversaire de son fils, Uḫḫaziti[35].

Comme il semble peu probable qu'on puisse insérer un Anzapaḫḫaddu entre Tarḫundaradu et Uḫḫaziti, il faut rendre au correspondant du pharaon, Tarḫundaradu, le rôle de rassembleur du "Grand Arzawa" qui a envahi le Bas-Pays hittite à la fin du règne de Tuthaliya III. Les princes cités par la Geste étaient ses fils ou ses vassaux. Il a pu correspondre avec Aménophis III après l'avènement de Suppiluliuma. Ce dernier a stabilisé la situation face à l'Arzawa, ce qui lui a permis de se lancer dans l'aventure syrienne sans craindre une menace de ce pays sur ses arrières.

Le contrôle de la plaine cilicienne et des cols du Taurus et de l'Amanus était le prélude indispensable à toute intervention hittite en Syrie. Hattusili Ier et ses successeurs avaient fait de cette région une province du Hatti et leur base de départ pour leurs attaques contre le royaume de Yamḫad (Alep), et contre Babylone. La révolte d'Adana sous le règne du roi Ammuna (Edit de Telepinu § 21) et la formation d'une entité politique durable en Cilicie plane, Cataonie et Commagène, le royaume de Kizzuwatna, a coupé les routes reliant le Hatti et la Syrie. L'un des premiers rois de ce nouvel état, peut-être son fondateur, Išputaḫšu a signé un traité "entre égaux" avec le roi de Hatti, Telepinu. Mais plusieurs de ses successeurs ont dû reconnaître la suzeraineté des "grands rois" de Hurri-Mitanni dont les noms, Baratarna, Sauštatar, dénoncent l'origine arya, et qui avaient fixé le centre de leur empire en haute Mésopotamie, dans une région de peuplement hourrite en majorité.

Le retour en force des rois de Hatti a ramené certains souverains du Kizzuwatna dans le camp hittite ou, tout au moins, les a incité à conclure avec eux des traités de "bon voisinage", sur un pied de quasi-égalité[36].

Les fondateurs du Nouvel Empire hittite Tuthaliya Ier et Hattusili II ont dû signer de tels accords avant de reprendre les offensives contre Alep vers le milieu du 15ème siècle avant notre ère mais les "annales d'Arnuwanda Ier" (CTH 143, KUB XXIII 21) et le "traité" conclu par ce roi avec les guerriers

---

[35] S. HEINHOLD-KRAHMER, *Arzawa, Untersuchungen zu seiner Geschichte nach den hethitischen Quellen*, *TdH* 8, Heidelberg 1977, 73-74.

[36] H. OTTEN, "Ein althethitischer Vertrag mit Kizzuwatna", *JCS* 5, 1951, 129-132; G.R. MEYER, "Zwei neue Kizzuwatna Verträge", *MIO* 1, 1953, 108-124; H. PETSCHOW, "Zur Noxalhaftung im hethitischen Recht", *ZA* 21, 1963, 237-250; M. LIVERANI, "Storiografia politica hittita. I Sunassura ovvero : della reciprocità", *OA* 12, 1973, 267-297, p. 268 et *passim*; H.M. KÜMMEL, "Kizzuwatna", *Reallexikon der Assyr. u. vorderas. Archäologie* V/7-8, 1980, 627-631; G. F. del MONTE, "Note sui trattati fra Hattusa e Kizzuwatna", *OA* 20, 1981, 203-221; R.H. BEAL, "The history of Kizzuwatna and the date of the Sunassura treaty", *OR* 55, 1986, 424-445, p. 431-435, 437-440, table p. 443; A. GOETZE, *Kizzuwatna and the problem of Hittite geography*, Yale Or. Series XXII, 1940, n. 23 p. 6-7, 75-81.

d'Ismirika (CTH 133) apportent la preuve que le Kizzuwatna avait été annexé par les Hittites au cours du règne conjoint d'Arnuwanda et de son père Tuthaliya (II). Le déclin de l'empire et les ravages causés par les montagnards gasgas ont amené un nouveau recul de la puissance hittite à la fin du règne d'Arnuwanda et pendant celui de son successeur Tuthaliya III qui s'est terminé par un désastre (cf. CTH 88, KBo VI 28). Au nord les Gasgas des montagnes pontiques ont ravagé le coeur du pays hatti, brûlant Hattusa et franchissant au sud le Marassantiya (Halys), ce qui explique leur présence dans la "lettre d'Arzawa" EA 31 (d'Aménophis III); au sud les "ennemis d'Arzawa" ont envahi le Bas-Pays et atteint Tuwanuwa (Tyane) et Uda (Hydé); à l'ouest les gens d'Araunna ont saccagé la province de Kassiya (région d'Ankara) alors que les guerriers d'Azzi (Hayasa, Petite Arménie), attaquaient le Haut-Pays et "faisaient de Samuḫa leur frontière"; à l'est enfin les "ennemis d'Isuwa" atteignaient Tegarama (Gürün) et ceux d'Armatana faisaient de la ville de Kizzuwatna (Kummani, Comana Cappadociae) "leur frontière"[37].

La mention de cette ville sainte pose le problème du statut du Kizzuwatna à cette époque. A. GOETZE, dans son étude fondamentale, "Kizzuwatna and the problem of hittite geography", avait abouti à la conclusion que l'état hittite menacé dans son existence avait perdu le contrôle de toutes les régions périphériques et, en particulier, du Kizzuwatna au cours du règne de Tuthaliya III (ca 1375-1348), ce que semble confirmer tout essai de représentation graphique de "l'invasion concentrique" décrite par CTH 88 (op. laud., 21-26). La présence de la ville homonyme, mais qui n'était pas la capitale du Kizzuwatna, relèverait d'un anachronisme en KBo VI 28 I 14. Il semble en effet peu vraisemblable a priori que les rois de Hattusa aient pu maintenir leur emprise sur la Cilicie alors que les provinces centrales du Hatti formaient l'ultime bastion d'une forteresse assiégée. A. GOETZE avait par ailleurs attiré l'attention sur le texte KUB XL 2 (CTH 641) concernant le culte de la déesse Isḫara et d'autres divinités, et prévoyant le renouvellement par un roi hittite, que les lacunes de la tablette laissent dans l'anonymat, d'une dotation faite par deux rois de Kizzuwatna, Talzu, et Šunaššura, comprenant vignes, cultures et terrains de parcours répartis entre de nombreux villages dont l'un situé près de Tarsa (Tarse). Les terres attribuées à deux ministres du culte par les trois rois l'ont été, selon toute apparence, au cours de trois règnes se succédant sans solution de continuité (ibid., 61-71). Il était raisonnable dans ces conditions d'attribuer à Suppiluliuma et CTH 641 et le traité de vassalité conclu avec un "Šunaššura de Kizzuwatna", CTH 41, longuement étudié par GOETZE (ibid., 36-60).

---

[37] KBo VI 28, A. GOETZE, *Kizzuwatna*, 21-26; cf. pour la géographie de la région : M. FORLANINI, "La regione del Tauro nei testi hittiti", *Vicino Oriente* VII, 1988, 129-169, carte p. 131.

Les premières lignes de ce dernier texte sont, elles aussi, très mutilées et le nom du roi hittite qui l'a signé est pratiquement illisible.

On a proposé récemment d'attribuer CTH 41 à un prédécesseur de Suppiluliuma, Tuthaliya II, considéré soit comme un successeur des rois du "Moyen Empire", soit comme le petit-fils du fondateur du Nouvel Empire[38]. Le problème des deux premiers Tuthaliya est posé de façon nouvelle par la découverte de plusieurs empreintes de sceaux royaux à Boğazköy[39] mais cela ne change rien au fait que le Sunassura contemporain et vassal du mitannien Saušṭatar ne peut être l'auteur de CTH 41 et que la situation du Hatti à l'époque de Tuthaliya III rend difficile d'envisager que ce roi ait été maître de la Cilicie. Le parallèle des situation successives du pays d'Isuwa en CTH 41 (Šunaššura) et dans le traité Sattiwaza (CTH 51) reste impressionnant même si le problème des "réfugiés" n'est pas traité de la même façon dans les deux textes. Le premier paragraphe de CTH 41 déclare que le pays de Kizzuwatna "était hittite" au temps de "mon grand-père" (du roi de Hatti). Si Suppiluliuma est l'auteur du traité, le "grand-père" est Arnuwanda, dont les annales nous apprennent qu'en effet il a (avec son père et corégent Tuthaliya) occupé ce pays. Si la lecture proposée par G. WILHELM[40] de la ligne 1 de KBo I 5 : "[N]A4.KIŠIB [m Tu]-u[t-ḫ]a-[li-i]a" est exacte, Tuthaliya III, père de Suppiluliuma reste un candidat possible au titre de rédacteur de CTH 41. Le "grand-père" est alors Tuthaliya II. Talzu et Šunaššura auraient rétabli l'existence de leur état avec l'aide des rois de Mitanni, Artatama et Šuttarna. C'est Suppiluliuma qui aurait ramené le Kizzuwatna au "bercail" hittite mais c'est son père qui aurait signé le traité pendant la période de corégence entre le père et le fils. L'autre solution reste difficile si l'on fait des deux premiers Tuthaliya un seul roi, conquérant d'Alep et époux de Nikalmati. La table des synchronismes présentée par R.H. BEAL (*OR* 55, 1986, 443) ne tient pas compte des générations royales, ce qui lui permet de trouver les "contemporains ad hoc" des divers princes du Kizzuwatna, comme Parsatatar en Mitanni et Addunirari à Alalakh (tous deux avec un point d'interrogation) mis de la façon la plus arbitraire en relation avec Talzu (celui de CTH 641). Il semble pourtant qu'il faille faire de Tuthaliya II, pour des raisons paléographiques,

---

38 R.H. BEAL, "The history of Kizzuwatna", *OR* 55, 1986, 444 et n. 91; G. WILHELM, *"Zur ersten Zeile des Sunassura-Vertrages"*, Documentum Asiae minoris antiquae, *Fest. H. OTTEN*, Wiesb. 1988, 360-370, p. 368-369.

39 H. OTTEN, *"Das hethitische Königshaus im 15. Jahrhundert v. Chr.* Zum Neufund einiger Landschenkungsurkunden in Boğazköy", Anzeiger der phil.-hist. Klasse der Österreichlichen Akad. der Wiss. 123, 1987, 21-43; H.G. GÜTERBOCK in R.M. BOEHMER, H. G. GÜTERBOCK, *Glyptik aus den Stadtgebiet von Boğazköy* (Boğ.-Ḫattuša XIV, 1987), 81 et n. 12; P. NEVE, "Die Ausgrabungen in Boğazköy-Ḫattuša", *AA* 1987, 400-402, fig. 19; H. OTTEN, *"Zu den rechtlichen und religiosen Grundlagen des hethitischen Königtums"*, Innsbrucker Beiträge zur Sprachwissenschaft, Vorträge und kleinere Schriften 42, 1989, 21-35, fig. 2 p. 25 : "provisorische Umzeichnung der Abdrücke des Siegels in Form eines Malteserkreuzes"

40 G. WILHELM, *op. cit.*, Doc. Asiae min. ant., *Fest. H. OTTEN*, 1988, 362 et 365.

linguistiques et historiques qui seront développées ultérieurement, le cosignataire du traité Sunassura, CTH 41.1. Le "grand-père" évoqué dans le texte est alors Tuthaliya Ier, et les synchronismes les plus vraisemblables se présentent de la façon suivante :

Rois de Hatti	Tawananna	Kizzuwatna	Alalaḫ	Mitanni	Egypte
Telepinu	Istapariya	Isputahsu		(Kirta)	Ahmose (1552-1527)
Alluwamna	Harapseki	Pattatisu	Ilim-Ilimma d'Alep	Sutarna	Aménophis Ier (1527-1506)
Hantili II Tahurwaili		Eḫeya			
Zidanta II	Iyaya	Pilliya	Idrimi	Baratarna	Tuthmosis Ier (1506-1493)
Huzziya II Muwatalli Ier	Summiri	Sunassura Ier	Niqmepa	Saustatar	Tuthmosis II (1493-1479) Hatshepsut (1479-1458
Tuthaliya Ier	Walanni	Talzu	Ilim-Ilimma	(Kartasura)*	Tuthmosis III (1479/1458--1425)
Hattusili II					
Tuthaliya II	Nikalmati	Sunassura II		Baratarna II	Aménophis II (1427-1390)
Arnuwanda Ier	Ašmunikal	(annexion)		Artatama	Tuthmosis IV (1390-1380)

* KUB XXIII 16 (CTH 211.6) III 11

Synchronismes :

a) Telepinu-Isputahsu, CTH 21.
b) Alluwamna-Pattatisu, CTH 26 (le nom du roi hittite est cassé), G.R. MEYER, MIO 1, 1953, 112-119.
c) Tahurwaili-Eḫeya, 170/u + (H. OTTEN, MDOG 103, 59-68).
d) Zidanta II-Pilliya, KUB XXVI 108 (H. OTTEN, JCS 5, 1951, 129-132).
e) Pilliya-Idrimi, AT 3, D.J. WISEMAN, The Alalakh Tablets, Lond. 1953, 31-32.
f) Pilliya-Idrimi-Baratarna, AT 3, ibid.
g) Idrimi-Baratarna, Statue d'Idrimi, 43-55; M. DIETRICH, O. LORETZ, H. KLENGEL, R. MAYER-OPIFICIUS, Untersuchungen zu Statue und Inschrift des Königs Idrimi von Alalaḫ, UF 11, 1981, 205.
h) Sunassura (Ier)-Niqmepa-Saustatar, AT 14, D.J. WISEMAN, op. cit., 39.
i) Tuthaliya II-Sunassura II, CTH 41.1.
j) Artatama-Tuthmosis IV, EA 24 III 52; EA 29, 16; LAPO 13, 145; 180.

La liste des reines de Hatti fournit les données les plus sûres en ce qui concerne la succession des générations royales. Après Telepinu et la reine Istapariya, les trois rois Alluwamna, Taḫurwaili (dont la place est incertaine) et Hantili II appartiennent à deux générations.

Pattatisu et Eheya ont été leurs contemporains en Kizzuwatna et rien n'autorise à faire du seul Hantili II le partenaire de Pattatisu, comme le propose BEAL, avec 8 points d'interrogation, il est vrai (Or 55, 1986, table p. 443).

Zidanta II qui représente en Hatti la génération suivante a conclu un traité avec un Pilliya qui est vraisemblablement le successeur d'Eheya. Or Pilliya a été aussi le contemporain d'Idrimi d'Alalah et le vassal, comme ce dernier, du "roi des guerriers de Hurri", Baratarna. Le fils d'Idrimi, Niqmepa, a fait appel au successeur de Baratarna, le roi de Mitanni Saustatar, pour régler un différend frontalier l'opposant à un Sunassura qui n'est autre que le roi de Kizzuwatna, héritier de Pilliya. En Hatti, les rois Huzziya II et Muwatalli Ier appartiennent à la même génération. Les meurtres qui ont alors décimé la famille impériale expliquent que l'hégémonie mitannienne sur le Kizzuwatna n'ait pas été remise en cause (H. OTTEN, Das hethitische Königshaus im 15. Jahrhundert v. Chr., Zum Neufund einiger Landschenkungsurkunden in Boğazköy, Sonder. aus dem Anz. der phil.- hist. Klasse der Öster. Akad. der Wiss., 123, 1987, 21-43).

Il est donc impossible que Sunassura (Ier) et Niqmepa d'Alalah aient appartenu à la génération de Tuthaliya II et qu'on puisse intercaler entre leurs prédécesseurs et eux-mêmes des personnages qui n'ont sans doute jamais régné, Parsatatar, le père de Saustatar en Mitanni et Addunirari, un fils d'Idrimi, à Alalah.

Ces hypothèses invraisemblables n'ont d'autre objet que de trouver une place pour Talzu de Kizzuwatna entre Pilliya et Sunassura Ier alors que nous savons par ailleurs que ceux-ci ont été les contemporains de princes appartenant à deux générations successives, Idrimi et son fils Niqmepa à Alalaḫ, Baratarna puis Saustatar en Mitanni. Pas un seul texte administratif d'Alalaḫ n'est daté d'Addunirari, preuve qu'il n'a jamais régné. Il est par ailleurs paradoxal de supposer que le statut d'Alep n'a pas changé entre Tuthaliya Ier et Suppiluliuma. Au moment de la grande crise qui a failli être fatale à l'empire, au cours du règne de Tuthaliya III, il est difficile de croire que les Hittites aient pu maintenir leur contrôle sur Alep, ce que dément sans discussion le dossier amarnien (et le traité Suppiluliuma-Sattiwaza).

LA PREMIERE CAMPAGNE SYRIENNE DE SUPPILULIUMA

L'analyse du dossier mitannien retrouvé à el Amarna montre que le premier message adressé par le roi de Mitanni (Hurri), Tushratta, à son "beau-frère", Aménophis III, est arrivé dans la nouvelle capitale peu après l'installation des bureaux, en l'an XXXII du vieux pharaon[41]. Le souverain hourrite évoque d'abord, dans la lettre EA 17, la révolution de palais qui a abouti à l'assassinat de son frère Artashuwara. Il était alors "très jeune" et il a dû supporter pendant un certain temps la tutelle de l'instigateur du coup d'état, UD-ḫi, dont il a fini par se débarrasser (1.11-14). Ce qui semble surtout un bon argument destiné à justifier le retard pris pour annoncer son avènement à son allié, le pharaon.

Devenu le seul maître, Tushratta s'est empressé de renouer avec la cour d'Égypte et d'offrir à son "frère" une partie du butin pris aux Hittites, comme "cadeau d'hommage". Le dieu de l'orage, Tešup, lui "a livré" l'armée ennemie "dont pas un n'est retourné dans son pays" (EA 17, 30-35). Cette affaire ne peut se confondre avec un "first foray" de Suppiluliuma en Syrie, comme le proposait K.A. KITCHEN[42], mais correspond certainement à la tentative du roi hittite pour reconquérir l'Isuwa, qui s'est soldée par un échec, comme il le reconnaît lui-même dans le traité qu'il a conclu plus tard avec le fils de Tushratta, Šattiwaza, devenu son gendre, CTH 51[43]. Après avoir rappelé que le pays d'Isuwa, la Sophène classique située à l'est du haut Euphrate, s'était révoltée contre son père, Suppiluliuma énumérait longuement les diverses provinces du Hatti d'où ses sujets rebelles avaient fui en Isuwa (KBo I 1 ro 11-13). Il prétendait avoir vaincu ces derniers (rentrés chez eux ?) mais reconnaissait que beaucoup avaient (de nouveau ?) trouvé refuge en Isuwa (ibid. 14-16). Ce qui justifiait la reprise de la guerre contre Tushratta et la seconde conquête de ce pays : "Je vainquis pour la seconde fois le pays d'Isuwa, pour la seconde fois j'en fis mes sujets" (ibid. 18-19). C'est alors que les "fugitifs", dont les provinces d'origine sont de nouveau énumérées ont été rapatriés dans des pays qui étaient pour la plupart situés sur la rive occidentale de l'Euphrate (ibid. 20-24). Si l'on retire à Suppiluliuma la paternité du traité conclu avec Sunassura de Kizzuwatna, il ne subsiste plus qu'un autre bref témoignage ayant trait à la "guerre d'Isuwa", celui du traité conclu par Suppiluliuma avec le "roi de Nuḫaššé", Tette (CTH 53 I, 14-17) qui parle seulement d'une révolte de l'Isuwa et de la victoire du grand roi. Dans les deux textes, auxquels on ne peut plus adjoindre CTH 41 (Sunaššura), nous avons affaire à une présentation tendancieuse des faits qui est un bel exemple de propagande. Il reste difficile de préciser si le revers subi par les

---

41 O. WEBER, EAT II, 1043-1046; W.L. MORAN, *LAPO* 13, 110-112; C. KÜHNE, Die Chronologie der internationalen Korrespondanz von El Amarna, *AOAT* 17, 1973, 17-23 et nn. 75-100; Schaubild I P. 1*.

42 K.A. KITCHEN, *Suppiluliuma and the Amarna Pharaohs*, Liverpool 1962, 24-25 contra : Ph. H. J. HOUWINK ten CATE "The first defeat of Isuwa", *Bior 20*, 1963, 271.

43 KBo I 1 ro 10-16, E.F. WEIDNER, *PDK* 1, *BoSt* 8, 1923, 4-7.

Hittites s'est produit au cours des dernières années du règne de Tuthaliya III, alors que Suppiluliuma était le corégent de son père ou s'il est postérieur à la mort du vieux roi. La Geste de Suppiluliuma très mutilée est muette sur ce point[44]. On peut dater ces événements de 1349 ou 1348 avant notre ère, peu avant ou peu après l'avènement personnel de Suppiluliuma comme seul roi.

C'est vraisemblablement pour venger cet échec que le roi hittite a entrepris un raid de pillage, à travers les régions d'obédience hourrite situées à l'ouest de l'Euphrate, qu'il a poussé jusqu'au Liban (KBo I 1, 4-9), ce qui a entraîné de vives protestations de Tushratta accompagnées de menaces de représailles. Suppiluliuma avait par ailleurs profité des dissensions existant dans la famille royale de son adversaire pour conclure une alliance préalable avec un prétendant au trône, Artatama, auquel il attribue abusivement le titre de "roi de Hurri" dans CTH 51, ro 1-2. Bien que ce texte n'en dise rien, il est certain qu'il a profité du trouble provoqué par son incursion en Syrie parmi les vassaux de Tushratta pour signer un traité de vassalité avec le roi, ou l'un des "rois" de Nuḫašše, vaste région steppique située entre Alep et l'Oronte qui servait de zone de refuge aux rebelles et "hors-la-loi", les Ḫabiru, souvent cités dans les textes amarniens[45]. Ce nouveau protégé, Šarrupši, resté très isolé dans un pays où les Mitanniens contrôlent à cette date Alep et Karkémish, sera vite éliminé par Tushratta[46].

Dans la correspondance amarnienne le raid syrien de Suppiluliuma trouve un écho dans la tablette EA 75 expédiée à Aménophis III par le "ḫazanu" (régent/gouverneur/maire) de Byblos (Gubla), Rib-Hadda (Rib-Addi), le plus prolixe des correspondants du pharaon, dont on a conservé plus de soixante lettres. Celles-ci ont été expédiées à intervalles rapprochés, à raison semble-t-il de cinq ou six par an[47]. Le classement de ces messages a été fait admirablement dans la grande édition de KNUDTZON, WEBER et EBELING, datant de 1915, où il y a peu à reprendre[48]. On peut, comme elle le fait, répartir ces lettres en deux grandes séries :

1. EA 68-95 ont été expédiées à un pharaon qui ne peut être qu'Aménophis III, ou à ses officiers (EA 69, 71, 73, 77, 82, 86-87, 93, 95), en particulier au "général" Amanappa. Nous sommes dans les dernières années du règne et le grand adversaire que Rib-Hadda ne cesse alors de dénoncer est la prince

---

44 H.G. GÜTERBOCK, "The deeds of Suppiluliuma as told by his son Mursili II", *JCS* 10, 1956, 41-68; 75-98; 107-130; fr. 1-14 p. 59-68.

45 H. KLENGEL, *GS* II, 1969, 18-57 (Nuḫašše); O. LORETZ, *Habiru-Hebräer*. Eine sozio-linguistiche Studie über die Herkunft des Gentiliziums 'ibrî vom Apellativum ḫabiru, Berlin 1984, biblio. p. 276-299, *sub verbis* Amarna et Nuḫašše.

46 *CTH* 53, KBo I 4 + KUB III 10 I 2-17; E.F. WEIDNER, *PDK* 3, 58-59; *CTH* 51, KBo I 1, ro 38-40; E.F. WEIDNER, *PDK* 1, 12-14; H. KLENGEL, *GS* II, 1969, 38-49.

47 O. WEBER, EAT II, 1149-1192; 1197-1241; E.F. CAMPBELL, *The Chronology of the Amarna Letters*, Baltimore, 1964, 77-89.

48 J.A. KNUDTZON, EAT I, 360-445; 452-587; O. WEBER, EAT II, 1149-1192; 1197-1241.

d'Amurru, Abdi-Ashirta, accusé d'être l'allié des Ḫabiru et de saper l'autorité égyptienne par ses appels à l'insurrection : "Chassons les régents afin que le pays tout entier se joigne aux Ḫabiru ... Alors nos fils et nos filles auront la paix pour toujours. Même si le roi s'avance, il aura tout le pays contre lui et que pourra-t-il faire ?", lui fait dire Rib-Hadda (EA 74, 30-41). L'Amurru qui s'étendait sur la montagne libanaise était un pays de tribus montagnardes et semi-nomades, aux structures politiques et sociales très différentes de celles des cités côtières. Ses princes ont longtemps cherché à maintenir une quasi-indépendance entre les grandes puissances rivales, Égypte, Mitanni et Hatti[49]. Aménophis III a fini par répondre aux appels angoissés du prince de Byblos en envoyant en Asie un corps expéditionnaire qui a capturé Abdi-Ashirta. La lettre EA 101, dont Rib-Hadda est vraisemblablement l'auteur, a été écrite alors que l'opération est en cours, peu avant son dénouement[50].

2. EA 102-138 et 362 (=129 a) sont postérieures à cet événement. Quelques-unes de ces lettres on eu pour destinataire Aménophis III mais à partir de EA 108 le ḫazanu de Gubla mentionne fréquemment le "père du roi", ce qui prouve sans discussion que son royal correspondant est maintenant Akhenaton. Les ennemis de Rib-Hadda sont les "fils d'Abdi-Ashirta" et surtout le plus redoutable d'entre eux, Aziru.

Cette répartition des tablettes de Byblos a une importance capitale pour fixer le chronologie du règne de Suppiluliuma. On a cherché à la brouiller pour justifier des hypothèses audacieuses mais inacceptables tendant à bouleverser toute l'histoire de l'époque amarnienne afin d'étayer un système chronologique particulier[51].

On a d'abord tenté d'abaisser la date de EA 85 et de faire d'Akhenaton son destinataire sous prétexte que le "père du roi" y est cité ; "Depuis que ton père a quitté Sidon, depuis ce jour, les pays se sont ralliés aux Ḫabiru" (EA 85, 69-

---

49 G.E. MENDENHALL, "The message of Abdi-Ashirta to the warriors : EA 74", *JNES* 6, 1947, 123-124; H. KLENGEL, "Aziru von Amurru und seine Rolle in der Geschichte der Amarna Zeit", *MIO* 9, 1963, 57-83; id., *GS* II, 1969 ch. 30, 245-299; M. LIVERANI, "Implicazioni sociali nella politica di Abdi-Ashirta di Amurru", *RSO* 40, 1965, 267-277; id., "Aziru, servitore di due padroni", Studi Or. F. PINTORE, *St. Medit. 4*, Pavie, 1983, 93-121.

50 O. WEBER, EAT II, 1197-1200; E.F. CAMPBELL, *Chronology*, 77-80; 86-87 n. 50; E. CAVAIGNAC, "La lettre 101 d'El Amarna" *Jl Asiat* 243, 1955, 135-138; W.L. MORAN, "The death of Abdi-Aširta", *Eretz Israël* 9, 1969, 94-99; A. ALTMAN, "The fate of Abdi-Ashirta", *UF* 9, 1977, 1-11; W.L. MORAN, *LAPO* 13, 294-295 (EA 101); H. KLENGEL, "Das Ende des Abdiaširta", *GS* II, 257-263.

51 K.A. KITCHEN, *Suppiluliuma and the Amarna Pharaohs*, date toutes les lettres de Rib-Hadda du règne personnel d'Akhenaton, 20-22, 26-29; G. WILHELM, J. BOESE, "Absolute Chronologie", *HML*, 74-117.

73)[52]. Mais cette lettre contemporaine de la contre-attaque mitannienne qui a suivi le raid de Suppiluliuma et qui intéresse au premier chef la chronologie d'événements décrits de façon tendancieuse par le roi hittite dans CTH 51 et CTH 53, fait partie d'un lot homogène de tablettes qui ont été expédiées dans un court laps de temps et dont on ne peut la séparer. EA 83-86 (et 87) forment un ensemble bien daté du règne d'Aménophis III. A quatre reprises Rib-Hadda présente la même requête au roi et au général Amanappa au sujet de "Dame Ummaḫnu, l'épouse de Milkuru" (EA 83, 52ss; EA 84, 42ss; EA 85, 84ss; EA 86, 23ss), sans doute une "prêtresse" de la déesse poliade, Ba'alat de Gubla[53]. Or "Amon, le dieu de ton maître" est invoqué en EA 86,3 dans une lettre adressée à Amanappa puis de nouveau cité en EA 87,5 destinée au même correspondant. EA 86 a vraisemblablement fait partie du même "courrier" que EA 85, ce qui exclut qu'Akhenaton puisse en être le destinataire. Le "père du roi" de EA 85 est donc bien Tuthmosis IV, dernier souverain de cette époque dont nous avons la preuve qu'il a entrepris une ou plusieurs expéditions en Asie avant de faire la paix avec le Mitanni[54]. Rien de tel n'est attesté en ce qui concerne Aménophis III, ce qui s'explique par la situation de paix régnant alors entre les puissances. Par ailleurs Abdi-Ashirta est dénoncé dans tous ces textes, en particulier en EA 85, 39-50 et il existe des preuves nombreuses et indiscutables que ce redoutable trublion a terminé sa carrière avant la fin du règne d'Aménophis III.

On a fait récemment un pas de plus pour aboutir à l'affirmation incroyable que toutes les lettres amarniennes écrites par des vassaux du pharaon l'ont été après la mort d'Aménophis III. Dans leur plus récent essai chronologique, G. WILHELM et J. BOESE n'hésitent pas à soutenir qu'en ce qui concerne la première série des lettres de Rib-Hadda, il n'existe "keine verlässliche Stütze in den Briefen selbst" qu'elles aient été écrites au cours du règne d'Aménophis III. On concède seulement que le prince de Byblos avait souvenir des événements de ce temps révolu, et que "die relative Position von EA 75 innerhalb der älteren Gruppe von Briefen ist ungewiss". On conclut enfin qu'il y a "gute Gründe, die gesamten Vassalenbriefe in die Regierungszeit Amenophis IV/Echnatons (zu) datieren"[55].

Le seul et très faible argument, avancé pour soutenir une si vaste construction, est le fait que les crimes attribués à Abdi-Ashirta par Rib-Hadda le sont à son fils Aziru par la lettre EA 140, rédigée à Byblos après la chute du malheureux ḫazanu[56]. Mais l'auteur de EA 140, Ili-Rabiḫ qui s'adresse sans

---

[52] K.A. KITCHEN, *op. cit.*, 12-13; 20-22; 26-29; table p. 42, *sub anno* 1367/1353.
[53] O. WEBER, EAT II, 1168-1177; E.F. CAMPBELL, *Chronology*, 85, 93-96; W.L. MORAN, *LAPO* 13, 264-272 et n. 8 p. 266; cf. n. 124 p. 50.
[54] R. GIVEON, "Tuthmosis IV and Asia", *JNES* 28, 1969, 54-59.
[55] G. WILHELM, J. BOESE, "Absolute Chronologie", *HML*, 87.
[56] O. WEBER, EAT II, 1241-1242 (EA 139-140); E.F. CAMPBELL, *op. cit.*, 79, 107; W.L. MORAN, *LAPO* 13, 367-369.

doute à Tutankhamon et à ses conseillers cherche à accabler Aziru, peut-être revenu de son exil en Égypte. Il est d'ailleurs probable que le jeune Aziru avait bien, en fait, participé aux opérations menées par son père, quelques années avant son avènement en Amurru.

Cette notation isolée ne saurait suffire à étayer une hypothèse qui vise à obtenir confirmation d'une chronologie ultra-courte posée a priori. Les faits les mieux établis sont niés ou passés sous silence, tout doit se plier aux exigences d'un idée préconçue.

Une analyse superficielle du corpus épistolaire amarnien suffit à montrer qu'Aménophis III a reçu à peu près autant de lettres dictées par ses vassaux que son fils Akhenaton. Pour s'en tenir au dossier byblite on ne peut, sauf à nier l'évidence, que s'incliner devant le fait que tous les textes qui font allusion aux *activités présentes* d'Abdi-Ashirta sont contemporains d'Aménophis III, que l'on accepte ou non l'idée d'une corégence. Une série de tablettes bien datées du règne d'Akhénaton reviennent en effet sur la fin du prince d'Amurru et sur sa capture par le corps expéditionnaire égyptien. On lit dans l'une des premières lettres de Rib-Hadda à son nouveau suzerain : "Qui sont-ils, ces chiens (les fils d'Abdi-Ashirta) pour résister aux archers du roi, le Soleil ? (Autrefois) j'avais écrit à ton père et il avait prêté [attention] à mes paroles et il avait envoyé les archers. N'ont-ils pas capturé Abdi-Ashirta pour lui ? (EA 108, 25-33). EA 116 ne revient pas sur cette affaire mais prouve que le prince de Byblos s'adresse maintenant à un roi monté depuis peu sur le trône, ou devenu le seul souverain si on admet la corégence : "Ton père n'est pas sorti pour inspecter ses pays et ses régents. Et maintenant les dieux et le Soleil et Ba'alat de Gubla t'ont fait asseoir sur le trône de ton père (dans) ton pays" (EA 116, 61-67)[57]. Or cette lettre qui annonce la chute, après un long siège (EA 102-117), de la capitale égyptienne de la province d'Amurru, Sumur, est de peu postérieure à la "campagne syrienne d'un an" qui a permis à Suppiluliuma de briser la puissance de Mitanni. Celle-ci a donc suivi l'avènement personnel d'Akhenaton. EA 117 qui est sans doute un peu plus ancienne fournit les renseignements les plus précis sur le destin d'Abdi-Ashirta : "Naguère j'avais envoyé un homme à ton père. Quand Amanappa est venu avec une petite troupe, j'ai (de nouveau) écrit au palais que le roi envoie une grande armée. N'a-t-elle pas capturé Abdi-Ashirta et tous ses biens exactement comme je l'avais dit ? Avais-je écrit des paroles traîtresses à mon seigneur ? Si on prête attention à mes paroles, Aziru sera certainement pris comme son père" (EA 117, 21-33). La distinction faite ici entre deux générations de pharaons et de princes d'Amurru ne souffre aucune discussion. Toutes les lettres antérieures à EA 101 qui montrent Abdi-Ashirta en pleine action remontent donc au règne du vieux pharaon, ce que confirment les autres

[57] O. WEBER, EAT II, 1213-1215; E.F. CAMPBELL, *Chronology*, 80-81, 92-93; J. FREU, "La lettre EA 116 de Rib Addi", *AFLSH* 21, Nice 1974, 15-47.

textes rétrospectifs où Rib-Hadda, jusqu'à son dernier jour, a voulu rappeler à Akhenaton "l'exploit" accompli à la fin du règne de son père pour mieux fustiger son inaction : EA 131, 30-40; EA 132, 8-18; EA 138, 26-38, la dernière lettre d'exil du "juste souffrant", expédiée de Beyrouth[58].

La lettre EA 75 contemporaine de la première offensive de Suppiluliuma est l'une des premières à dénoncer les "hauts faits" d'Abdi-Ashirta et doit donc être datée des années XXXII à XXXVIII d'Aménophis III. On peut préciser davantage car il est facile de classer les lettres de Rib-Hadda à cette époque. Il s'agit en effet, à partir de EA 72, d'une série de communiqués de défaite et d'appels au secours ponctués par la chute aux mains des Amorrites de toutes les places tenues par le "fidèle serviteur" et ses alliés au nord de Byblos et dans la montagne. EA 75 vient s'insérer, comme l'avait bien vu KNUDTZON entre EA 73-74 qui annoncent la chute de Šigata et l'assassinat du prince d'Ammiya[59] et EA 76 qui déplore l'occupation par Abdi-Ashirta de la résidence du haut-commissaire égyptien, le rabiṣu, Sumur[60]. Les lettres 68-70; 72-74 et 89, dont cinq sont adressées au roi ont dû parvenir à el Amarna en l'an XXXII/XXXIII et EA 75 en l'an XXXIV (1347 av. J.C.), selon toute vraisemblance. Rib-Hadda fait alors part au roi, avec quelque exagération, d'un événement sortant du cadre étroit de ses préoccupations habituelles, ce qui est très rare chez lui : "Que le roi, mon seigneur, sache que le roi de Hatti s'est emparé de tous les pays tributaires du roi de Mita(nni), c'est-à-dire du roi de Naḫ(ri)ma, le pays des grands rois" (EA 75, 25-34). Bien que la graphie "Mita" soit un hapax et que le toponyme synonyme Naḫarina soit mal "orthographié", la restitution est certaine[61]. EA 75 est donc l'écho des événements connus par le traité Sattiwaza (CTH 51 I, 1-4) qui ont sans doute abouti à l'installation d'un vassal du roi hittite, Šarrupši, comme "roi de Nuḫašše". Il est tentant de voir dans le traité conclu par un roi hittite anonyme, le texte est mutilé, avec la ville de Tunip et son "maire" Lab'u (CTH 135) une conséquence de ses faits. La situation de la ville qui n'a pas de prince à cette époque est comparable dans CTH 135 et dans la lettre EA 59 qui est un appel au secours lancé au pharaon pour qu'il laisse le "fils d'Aki-Tešup" rentrer dans "la maison de son père" après "vingt ans" d'exil. Or le traité mentionne vraisemblablement un [Aki]-Tešup, fils de Taku (fragment B, 27). Ce qui empêche de conclure est la ligne cassée parlant de "a-bu-ya" (mon père) dans le texte A (l. 19). Mais cette mention suit un paragraphe très mutilé où sont citées une série de villes et "mes frontières", que l'envoyé du roi de Hatti, Pitḫana, était

---

[58] O. WEBER, EAT II, 1237-1241; W.L. MORAN, *LAPO* 13, 362-367; M. LIVERANI, "Rib-Adda, giosto sofferente", *AoF* 1, 1975, 175-205; contra : W.L. MORAN, *"Rib-Hadda : Job at Byblos?", Biblical and related Studies presented to S. IWRY, Winona Lake*, 1985, 173-180.

[59] O. WEBER, EAT II, 1162-1163; E. F. CAMBELL, *Chronology*, 80, 94, 122; G.E. MENDENHALL, *JNES* 6, 1947, 123-124; W. L. MORAN, *LAPO* 13, 253-254; A.F. RAINEY, "Some presentation particles in the Amarna Letters", *UF* 20, 1988, 209-220, p. 210-211.

[60] O. WEBER, EAT II, 1138-1139; W.L. MORAN, *LAPO* 13, 255-256.

[61] W. L. MORAN, ibid. nn. 7 et 8 p. 254.

sans doute chargé de restituer à Tunip alors qu'un Ilim-Ilimma, certainement un roi d'Alep ou d'Alalakh (l. 12-22), les avaient autrefois enlevées à cette dernière[62]. "Mon père" et "mes frontières", il ne peut s'agir dans ce cas de celles du roi de Hatti, sont donc des citations et Suppiluliuma reste un possible auteur de CTH 135.

Tushratta, beau-frère, puis beau-père d'Aménophis III, a vivement réagi à ce défi comme le faisaient supposer les extraits de ses lettres de protestation, insérés par Suppiluliuma dans le traité Sattiwaza (KBo I 1 ro 5-9). CTH 51, CTH 53 (Tette) et plusieurs lettres amarniennes sont les témoins de la contre-offensive du roi de Mitanni. Les textes les plus précis proviennent de Byblos. Après l'occupation de Sumur par Abdi-Ashirta, ce qui privait Rib-Hadda du soutien du rabiṣu égyptien, le prince de Gubla a perdu ses dernières positions en bordure de l'Amurru. Malgré l'arrivée de renforts amenés par Amanappa, sans doute la "petite troupe" dont parlent les lettres récentes, il a abandonné Bit-Arḫa (EA 79, 21-22) et les deux villes qu'il tient encore, Batruna et Byblos sont assiégées : "Comme un oiseau pris au piège  kalubi, ainsi suis-je dans Gubla" (EA 79, 35-38; EA 81, 34-36). Batruna, dernière position côtière au nord de Byblos est tombée peu après alors que les Ḫabiru et les chars d'Abdi-Ashirta, "bloquaient l'entrée de la porte de Gubla" (EA 87, 18-24). Rib-Hadda a échappé à un attentat fomenté par son ennemi mais doit faire face à la révolte de ses paysans (ḫupše) chassés par les razzias des Ḫabiru et des Amorrites, depuis deux ans précise-t-il en EA 85, 9-15 : "Depuis deux ans on a constamment pillé mon grain, nous n'avons plus de grain à manger. Que puis-je dire à mes paysans ? Leurs fils, leurs filles et le bois de leurs maisons ont disparu. Ils ont été vendus dans le pays de Yarimuta contre les vivres nécessaires aux besoins de leur vie". Une crise sociale provoquée par la guerre a été aggravée par les appels d'Abdi-Ashirta aux "paysans", invités à se débarrasser de leurs princes et à se libérer de la tutelle égyptienne (EA 74, 30-38; EA 81, 6-24).

C'est dans ce contexte qu'il convient de placer la marche de Tushratta jusqu'à la côte de l'Amurru : "Le roi de (Mi) tanna s'est avancé jusqu'à Sumur; il a voulu marcher sur Gubla mais il est retourné dans son pays par manque d'eau potable" (EA 85, 51-55). La graphie défectueuse du toponyme est corrigée dans la "lettre parallèle" que, selon son habitude, Rib-Hadda avait envoyée à Amanappa, EA 86, qui précise : "Jour et nuit il (l'Amuru) t'a appelé et ils (les Amorrites) disent que ce qui leur a été emporté en Mitanni est considérable" (EA 86, 8-12). Le prince de Byblos ne considère pas Tushratta comme un allié du pharaon et sa défiance envers le Mitanni ne se démentira jamais (cf. EA 109,

---

[62] E.F. WEIDNER, "Vertrag zwischen einem Könige von Hatti und Lab'u und den Bewohnern von Tunip", *PDK* 10, 136-146; H. KLENGEL, "Tunip", *GS* II, 83, 86 n. 7, 88ss; M. C. ASTOUR, "The partition of the confederacy of Mukiš-Nuḫašše-Nii by Suppiluliuma. A study in political geography of the Amarna age", *OR* 38, 1969, 381-414, pp. 391-394.

5-8). Les précisions chiffrées de EA 85 et EA 86 (2 ans/3 ans) permettent de situer l'avance des forces hourrites en l'an XXXV d'Aménophis III (1346 av. J.C.), un an environ après le raid de Suppiluliuma qu'avait annoncé EA 75. EA 85 et EA 86 sont donc, comme EA 75, de précieux témoins des opérations engagées en Syrie par les deux grands rivaux, Tushratta et Suppiluliuma dans les dernières années d'Aménophis III. Cette conclusion évidente permet de rejeter sans appel les hypothèses cherchant à réduire à très peu de temps, deux ans par exemple, la durée des interventions hittites en Syrie[63]. Deux autres lettres de Byblos montrent au contraire que le "séjour" du roi de Hurri en Amurru s'est prolongé et que ses conséquences ont été durables. L'une parle d'Abdi-Ashirta comme de "ce chien (qui) est en Mitanni mais dont l'oeil est sur Gubla" (EA 90, 19-20). L'autre, plus tardive, adressée à un "Grand", et dans laquelle Amon est invoqué, précise que "le roi de Mitanni a prospecté le pays d'Amurru et il a dit : "Comme ce pays est grand. Ton pays (celui d'Abdi-Ashirta ou celui du pharaon ?) est étendu.". (EA 95, 27-31). EA 95 est arrivée à la cour en l'an XXXVI vraisemblablement, alors que le roi d'Égypte venait d'épouser la fille de Tushratta, Tadu-ḫeba (cf. EA 19-24). Elle signale qu'Abdi-Ashirta est malade (1. 40), ce qui a sans doute encouragé Aménophis III à déclencher une importante opération militaire et à "faire sortir le corps expéditionnaire" et la flotte pour réoccuper Sumur et l'Amurru.

Mais d'autres textes confirment que le roi de Mitanni a conservé, ou repris, le contrôle des principautés de Syrie du nord pendant plusieurs années après le raid hittite. Il est sûr, d'après EA 59, que Tunip est repassé dans le camp des ennemis de Suppiluliuma et s'est tourné vers l'Égypte après la défaite du Mitanni. Mais ce sont les lettres d'Abdi-Ashirta lui-même qui donnent les précisions les plus grandes. EA 60 est la plus ancienne[64]. Sumur est alors placée sous l'autorité du rabiṣu égyptien, Paḫamnate, dont Abdi-Ashirta reconnaît l'autorité. Or ce dernier se plaint de ce que "tous les rois soumis au roi des guerriers hourrites[65] tentent d'arracher les pays de mes [ancêtres ?] et [ceux] du roi, [mon] seigneur, [mais] je les ais gardés" (EA 60, 13-19). La tablette EA 101 parle du tribut dû au Mitanni par les princes d'Amurru. Ce pays, comme sans doute d'autres principautés (Qadesh, Qatna ?), faisait partie d'une zone frontière indécise, ce que l'on a appelé abusivement le "condominium égypto-mitannien". Les Hittites avaient des notions juridiques très différentes et beaucoup plus précises sur ces problèmes de délimitation des zones d'influence entre deux empires. Suppiluliuma pourra ainsi prétendre avoir respecté les frontières de

---

63 R. KRAUSS, *Das Ende der Amarnazeit*, HÄB 7, 1978, "Exkurs 1, 54-58 : "Zur Chronologie der Syrienfeldzuge Suppiluliumas" contra : W.J. MURNANE, compte-rendu *OR* 52, 1983, 274-284, p. 277-279.

64 O. WEBER, EAT II, 1132-1142, W.L. MORAN, *LAPO* 13, 233-235; A. ALTMAN, "Some controversial Toponyms from the Amurru Region in the Amarna Archive", *ZDPV* 94, 1978, 99-107, p. 105-106.

65 A. ALTMAN, ibid. n. 43 p. 105; W.L. MORAN, *LAPO* 13, n. 4 p. 234.

l'Égypte tout en plaçant sous son autorité des territoires revendiqués par le pharaon, à Qadesh, en Amurru et à Ugarit. Les textes pénitentiels de Mursili II n'accuseront Suppiluliuma que d'une seule violation de la foi jurée, la double invasion du pays d'Amki (la Bekâ libanaise)[66].

A. ALTMANN a rapproché la menace hourrite, à laquelle fait allusion EA 60, 13-19, de la contre-offensive de Tushratta[67]. Mais seuls des vassaux de Mitanni sont ici mis en cause et la chute de Sumur (EA 76, 33-37) a suivi de très peu le raid de Suppiluliuma signalé dans EA 75. Dans les lettres postérieures, EA 62 et EA 371, Abdi-Ashirta s'efforce de répondre aux reproches de Paḫamnate, auquel est adressée EA 62. Il explique qu'il a occupé Sumur parce que la ville était livrée au pillage des "guerriers de la ville de Seḫlal" (EA 62, 10-20) et menacée d'être incendiée. Il se vante d'avoir sauvé les Égyptiens bloqués dans le palais du fait qu'il résidait non loin de Sumur, à Irkata. La chute de cette localité avait été signalée par Rib-Hadda (EA 75, 25-29) dans la tablette annonçant l'offensive hittite. EA 62 a donc été écrite après EA 75 mais il est difficile d'admettre, avec A. ALTMANN, que des vassaux du Mitanni, gens de Nuḫašše selon lui, aient pu commettre une agression ouverte contre une capitale provinciale égyptienne. L'affaire fait penser à un raid de Ḫabiru mais c'est l'agitation provoquée par la marche des troupes hittites qui explique ces événements. Il faut d'ailleurs souligner qu'aucun texte ne permet d'affirmer, comme le fait K. A. KITCHEN, qu'Abdi-Ashirta ait eu alors des contacts avec le roi de Hatti[68].

Les lettres de Byblos semblent montrer qu'il existait un parti "anti-amorrite" parmi les responsables égyptiens. Le général Amanappa et le grand intendant du pharaon à Yarimuta, Yanḫamu, les protecteurs attitrés de Rib-Hadda, ont fini par obtenir le déclenchement d'une vigoureuse action militaire, pour réagir aux empiétements de "l'allié" mitannien et aux agressions du chef amorrite. La tablette EA 101 qui est la fin d'une longue missive a vraisemblablement pour auteur Rib-Hadda. Constatant que la "sortie du corps expéditionnaire" a enfin eu lieu, le "fidèle serviteur" préconise un plan stratégique infaillible pour détruire Abdi-Ashirta : "Que les navires de l'armée ne pénètrent plus dans le pays d'Amurru car alors ils (les Amorrites)

---

66 A. GOETZE, *ANET*, 394-396; H.G. GÜTERBOCK, fr. 28, *JCS* 10, 1956, 94-98; H. G. GÜTERBOCK, "Mursili's accounts of Suppiluliuma's dealings with Egypt", *RHA* XVIII/66-67, 1960, 57-63; R.LEBRUN, *Hymnes et prières hittites*, Louvain-la-Neuve, 1980, 203-216 (*CTH* 378.2); D. SÜRENHAGEN, *Paritätische Staatsverträge aus hethitischer Sicht*, "CTH 379 als historische Quelle", Pavie 1985, 17-21.

67 A. ALTMAN, "Šeḫlal", op. cit., *ZDPV* 94, 1978, 103-107.

68 K. A. KITCHEN, *Suppiluliuma and the Amarna Pharaohs*, 20 n. 8, 26-27.

frapperont/tueront Abdi-Ashirta. En effet ils n'ont pas de laine ou de vêtements de couleur ... à donner en tribut au pays de Mitanni"[69].

Curieusement la correspondance de Rib-Hadda qui a été conservée ne fournit pas le communiqué attendu sur le succès de l'opération, victoire dont il revendiquera la paternité par la suite. Les ḫazanu des cités n'avaient en principe d'autre devoir que de répondre à des demandes de la cour[70]. Ce sont les officiers égyptiens qui ont averti le roi de l'heureuse fin de l'affaire.

Les lettres de Gubla adressées à Aménophis III en l'an XXXVII et dans les premiers mois de l'an XXXVIII, les derniers du règne, sont les témoins de la nouvelle situation : un haut commissaire, sans doute Pawura (p 3-wr, "le grand"), s'est réinstallé à Sumur mais les fils d'Abdi-Ashirta, un instant réfugiés à Damas (EA 107, 26-28), ont très vite réoccupé l'Amurru (EA 103, 5-18) et repris leurs attaques contre Sumur et Gubla (EA 103-105; peut-être 110-111 très mutilées). Les allusions au Mitanni montrent que Tushratta est encore à ce moment un prince puissant capable d'intervenir dans la zone égyptienne. La lettre d'Irkata, EA 100, contemporaine de EA 105 (le même envoyé du roi, DUMU-Biḫa est nommé dans les deux), émane d'une cité "républicaine" dont les Anciens cherchent à se justifier de cadeaux faits au Subaru, c'est-à-dire au Mitanni (argent, 30 chevaux et chars). Dénoncés par les "fils du traître", ils arguent de leur loyauté et de leur bonne foi en affirmant que "(les Mitanniens) firent la guerre avec nous contre l'ennemi de notre seigneur, l'homme que tu avais placé au-dessus de nous" (EA 100, 23-32). La dernière expression vise Abdi-Ashirta désigné par cette même périphrase en EA 101, 30-31[71].

EA 104, 21 compare les fils d'Abdi-Ashirta au "roi de Kaššu (Babylone)" et "au roi de Mitanni", à l'exclusion du Hatti qui ne sera jamais oublié par la suite. Il est certain qu'à cette date, quatre ans environ après le raid hittite, Tushratta a rétabli son autorité en Syrie, éliminé Šarrupši en Nuḫašše et n'hésite pas à intervenir dans "les pays" de son gendre, le pharaon.

---

69 EA 101, 3-10; A. ALTMAN, *UF 9, 1977, 7-8;* W.L. Moran, *LAPO* 13, 294-295 et nn. 4-5 p. 295.

70 M. LIVERANI, "Le lettere del Faraone a Rib Adda", *OA* 10, 1971, 253-268; id., "Contrasti e confluenze di concezioni politiche nell' età di El Amarna", *RA* 61, 1967, 1-18, passim; F. PINTORE, "Transiti di trupe e schemi epistolari nella Siria egiziana dell' età di El Amarna", *OA* 11, 1972, 101-131, passim; id., "La prassi della marcia armata nella Siria egiziana dell'età di El Amarna", *OA* 12, 1973, 299-318, passim.

71 W.L. MORAN, *LAPO* 13, 292-294 (EA 100) et n. 6 p. 293.

La guerre syrienne d'un an

Un récit détaillé de l'offensive victorieuse menée par Suppiluliuma en haute Mésopotamie et en Syrie contre Tushratta et ses vassaux figurait en bonne place dans la Geste du roi hittite (CTH 40). Il n'en reste que des débris formant les fragments 25 (affaire d'Isuwa et des "fugitifs"), 26 (ultimatum du grand roi et invasion du Mitanni) et 27 (saccage de Qadesh et guerre en Nuḫašše), dont on ne sait à quelle tablette ils appartenaient[72].

Il faut donc recourir au traité de Suppiluliuma-Šattiwaza pour pouvoir disposer d'un récit complet de la guerre syrienne[73].

Après être revenu sur les origines du conflit et avoir décrit le vaste mouvement tournant effectué à travers le Mitanni qui a parachevé sa victoire, le roi de Hatti, laissant à Tushratta un pays en ruine, en vient à la Syrie : "Je fis volte-face et je (re)traversai l'Euphrate. Je vainquis le pays de Ḫalab et le pays de Mukišḫe. Takuwa, roi de Neya, vint devant moi au pays de Mukišḫe pour demander la paix. Mais en l'absence de Takuwa, son frère Aki-Tešup organisa une conspiration avec des maryannu ... Ils firent alliance avec Akiya, roi d'Araḫti ... Je les vainquis à Araḫti. Je fis prisonnier Akiya, roi d'Araḫti, Aki-Tešup, le frère de Takuwa, et leurs maryannu ... Je déportai aussi Qatna avec tous ses biens ... au pays de Hatti. Quand je parvins dans le pays de Nuḫašše, je conquis toutes ses provinces. Šarrupši était mort de mort violente. Je fis prisonnier sa mère, ses frères et ses fils et je les déportai au pays de Hatti. Takib-Šarri, son serviteur, je fis roi à Ukulzat. Je marchai alors vers le pays d'Apina sans envisager d'avoir à combattre le pays de Kinza. Cependant, Šutatarra et Etakama son fils vinrent me combattre ... Je les vainquis ... (et) je les déportai au pays de Hatti. J'allai alors en Apina. Ariwana, roi d'Apina ... (et) ses grands vinrent me combattre. Eux tous avec leurs biens, je les déportai au pays de Hatti. En raison de l'arrogance du roi Tushratta, je pillai tous ces pays et en une seule année je les conquis pour le Hatti. D'un côté, je fis du mont Liban ma frontière; d'un autre côté le fleuve Euphrate" (CTH 51; KBo I 1, ro 17-47).

Ce texte clair et précis, contemporain de Suppiluliuma, doit être préféré au "résumé" de KUB XIX 9 (CTH 83. 1), rédigé sous Hattusili III, qui confond la "campagne d'un an" décrite dans le traité Šattiwaza (CTH 51) et la "guerre hourrite de six ans", entreprise à la fin du règne. Cette dernière a permis à Suppiluliuma d'installer son fils Piyassili (Šarri-Kušuḫ) à Karkémish et son gendre Šattiwaza, le fils de Tushratta, sur le trône de Mitanni après la

---

72 The Deeds of Suppiluliuma, *JCS* 10, 1956, 83-85.

73 *CTH* 51 = PDK 1, BoSt 8, 1923, 2-37; KBo I 1 ro 1-47 (campagne syrienne, 30-47).

reconquête de ce pays[74]. La guerre de six ans a débuté l'année de la mort de Tutankhamon et a coïncidé largement avec le conflit égypto-hittite qui a suivi la mort du jeune pharaon et l'imprudent appel de sa veuve à Suppiluliuma[75]. Il est impossible, comme on a voulu le faire, de confondre les deux guerres ou de les faire se succéder sans solution de continuité. Les fragments de la Geste qui se rapportent à la guerre d'un an ne se confondent pas avec la "septième tablette" qui relate les débuts de la guerre de six ans et la rupture avec l'Égypte[76].

A el Amarna les lettres d'Akizzi, prince de Qatna, sont les témoins de la période troublée qui a suivi la campagne d'un an. Elles prouvent que le malheureux "roi de Qatna" (EA 57, 2) a survécu à sa défaite et au pillage de sa cité par les Hittites. Or le texte de KBo I 1 est d'une parfaite netteté : quand une ville a été prise ou pillée, le fait est mentionné; quand un prince a été fait prisonnier, son nom est cité. Suppiluliuma a déporté les "rebelles" de Niya; il ne prétend pas avoir pris la ville, ce que confirment plusieurs textes amarniens (EA 53; EA 59). Il se vante d'avoir pillé Qatna, mais il ignore son prince Akizzi, qui a échappé. La correspondance de ce dernier apporte une éclatante confirmation aux dires du roi de Hatti qui ne "ment" que par omission[77].

La datation des lettres de Qatna revêt donc une grande importance. Akizzi, peu soucieux de protocole, est l'un des rares princes qui ose s'adresser au pharaon en lui donnant son nom solaire. Deux de ses messages ont pour destinataire Nam-MUR-ya (EA 53 et EA 55), ce qui semblait désigner sans conteste Nb-M3ʿ-t-Rʿ/Aménophis III. Des considérations historiques, et surtout le fait que Nb- est toujours transcrit Nib- (Nim- par assimilation) alors que Nefer- / Nfr- devient Nap-(Nam-) dans les textes akkadiens, obligent à lire ici Nam-ḫur-ya / Nfr-ḫprw-Rʿ / Akhenaton[78]. Le lot des lettres de Qatna et apparentées doit être daté du règne personnel d'Akhenaton mais cette conclusion n'autorise pas à placer cette correspondance à l'extrême fin du règne et à rapprocher la mention du pays d'Amki qui se trouve dans EA 53, 58 de l'intervention hittite dans la même région signalée par des textes tardifs, sans doute contemporains des premières années de Tutankhamon, EA 140, 27.30 (de Byblos), EA 173-176 (des princes d'Amki), EA 170, 16 (d'Amurru) et EA 363, 8 (d'Amki) ainsi que par les "prières au sujet de la peste" de Mursili II[79]. D.B. REDFORD qui, comme d'autres, veut par ailleurs confondre ces événements et ceux que nous fait connaître le dossier II A des "archives internationales"

---

[74] The Deeds, *CTH* 40, 92-98 (fr. 28), 107-108 (fr. 29, 31, 32), 110-111 (fr. 35); *CTH* 52 = PDK 2, 36-57 (traité Šattiwaza-Suppiluliuma).

[75] *JCS* 10, fr. 31, 107-108; fr. 36, 111; H. G. GÜTERBOCK, *RHA* 66-67, 57-63.

[76] *JCS* 10, 83-85 (fr. 25-27); 92SS ("Septième tablette").

[77] EA 52-55, *LAPO* 13, 222-229; *CTH* 51, KBo I 1 ro 37.

[78] J. KNUDTZON, O. WEBER, EAT II, 1613; J. STURM, "Zur Datierung der El Amarna Briefe", *KLIO* 26, 1932, 1-28 p. 8ss; E.F. CAMPBELL, *Chronology*, 68.

[79] CTH 378; R. LEBRUN, *Hymnes et prières*, VI, 192-239.

d'Ugarit[80], est obligé, pour ce faire, de nier le témoignage précis de KBo I 1, ro 36-37, sous prétexte que cette notation serait "an example of "telescoped history", the seizure of the town at the time of the Nukhashshe revolt having been predated to the Great Syrian campaign for greater effect"[81]!

Une telle exégèse est inacceptable. On ne peut en aucun cas rapprocher EA 53, l'invasion hittite en Amki, le dossier IIA d'Ugarit, la "7ème tablette" des "Deeds of Suppiluliuma" et les prières au sujet de la peste de Mursili II pour aboutir à un récit cohérent, ce qui provoque le "télescopage" que l'on dénonce a priori dans le texte du grand roi[82]. Les événements que l'on prétend regrouper sont les divers épisodes d'un long processus qui s'est déroulé au cours des six dernières années du règne d'Aménophis III, des six ans du règne personnel d'Akhenaton, des neuf ans de celui de Tutankhamon et des quatre ans qu'on peut attribuer à Aye. Si on refuse toute corégence il faut y ajouter les onze premières années d'Akhenaton et les deux ou trois ans de Smenkhkarê. Dans un cas 25 ans, dans l'autre 38 ou 39. Or le règne de Suppiluliuma a débuté avant et s'est terminé après les deux termes ainsi fixés. Il a duré 30 ou 40 ans selon l'hypothèse retenue.

A Ugarit, en Amurru, à Sidon, à Tyr, à Akka, à Damas (capitale de la province d'Apina/Ube) et ailleurs, deux générations de princes se sont succédé avant que le roi hittite prenne le contrôle d'Ugarit et de l'Amurru, ce qu'il n'a réussi à faire qu'après la fermeture des bureaux d'Akhetaton survenue en l'an III ou IV de Tutankhamon.

Dans la lettre EA 53, Akizzi évoque les malheurs qui se sont abattus sur Qatna peu de temps auparavant : "Mon seigneur [le sait], les ancêtres de mon seigneur [étaient ici] mais maintenant le roi de Hatti les a livrés aux flammes. Le roi de Hatti a pris les dieux et les guerriers de Qatna" (1. 38-43). Peut-on nier sans mauvaise foi le rapprochement qui s'impose entre ces lignes et KBo I 1 ro 37 ? Akizzi voudrait obtenir du pharaon l'or nécessaire à la confection d'une nouvelle statue du dieu Soleil Šimege "que le roi de Hatti a pris" (EA 55, 56-57), et aussi au paiement de rançons pour des captifs enlevés par Aziru (1. 44-52). Ce dernier n'est pas encore prince d'Amurru. Réfugié à Damas (EA 107, 26) avec ses frères il est alors un chef de bande capable de mener des razzias aussi bien dans la région de l'Oronte que vers la côte en direction de Sumur. Le dossier II C des archives de Ras Shamra[83] prouve qu'un dénommé Niqmepa, certainement un fils ou un frère d'Abdi-Ashirta a gouverné l'Amurru avant Aziru et a eu des "dissentiments" avec Ammištamru d'Ugarit[84]. Aziru a commencé sa carrière

---

80 J. NOUGAYROL, "Archives internationales II A", *PRU* IV, 1956, 32-52.
81 D.B. REDFORD, *History and Chronology*, 221 et n. 14.
82 K. A. KITCHEN, *Suppiluliuma and the Amarna Pharaohs*, anno 1366/1352, p. 43-44.
83 J. NOUGAYROL, *PRU* IV, 281-286.
84 RS 19. 68, ro 7-8; ibid., 284 et p. 282 (Niqmepa, frère aîné d'Aziru).

comme agent de son père puis de son frère ou de son oncle avant de devenir le maître de l'Amurru, événement qui a dû précéder ou suivre de peu la chute de Sumur. Akizzi cite de nombreux "rebelles" qui profitent du vide créé par l'expédition hittite pour piller les pays d'Amki et d'Ube (EA 53, 56-62; EA 54, passim) mais le traître qu'il dénonce inlassablement est le prince de Qadesh, Etakama, que Suppiluliuma avait capturé avec son père et qu'il a rétabli dans sa principauté du Kinza comme vassal. Pendant près de trente ans il va jouer le rôle d'agent recruteur et de fidèle serviteur du roi de Hatti. Il finira pourtant par se révolter et sera assassiné par son fils en l'an IX de Mursili (1313 av. J.C.)[85]. Tous les textes qui le mentionnent sont donc postérieurs à la "campagne d'un an" de Suppiluliuma mais les lettres d'Akizzi montrent que le roi hittite l'a replacé sur son trône sans délai après lui avoir fait conclure un traité de protectorat. Les conseillers d'Akhenaton ont d'abord cherché à éviter la rupture avec Etakama. EA 190, copie d'une tablette destinée au prince de Qidšu (Qadesh), semble indiquer que le haut commissaire (rabiṣu) installé à Kumidi, vraisemblablement après l'offensive de Suppiluliuma car la ville était auparavant gouvernée par un "régent" (cf. EA 198), avait été chargé de négocier avec le "traître" et de le ramener dans le camp égyptien, ce que confirme la seule lettre d'Etakama que nous possédons (EA 189, ro 13-20; vo 1-8). Mais ce dernier n'a pas longtemps cherché à donner le change. EA 189 dénonce sans pudeur les agissements du "grand prince" d'Ube (Api/Apina), Biryawaza, l'un des plus importants vassaux du pharaon, dont Akizzi reconnaissait l'autorité (EA 52, 44-46), et qu'Etakama n'hésite pas à accuser de brûler ses villes (EA 189 ro 5-12) et de livrer aux Ḫabiru les villes des pays de Taḫši et d'Ube, que lui-même se vante d'avoir reconquises (ibid. vo 9-18). A Qadesh, comme en Amurru, certains responsables égyptiens ont poussé le roi à adopter une attitude conciliante envers des vassaux de fidélité douteuse. La menace hittite explique cette politique qui a permis à Akhenaton de temporiser et lui a donné la possibilité de réaliser sa réforme religieuse et l'installation de sa nouvelle capitale sans avoir à faire face à un conflit extérieur de grande envergure. Les lettres d'Akizzi et de Biryawaza confirment que c'est au début de son règne personnel que l'expédition de Suppiluliuma a plongé dans le chaos toute la région située entre Alep, au nord, et le Bashan, au sud[86].

EA 52, très mutilée, dénonce, comme EA 55, les pillages des troupes hittites (1. 27-31). Puisque le prince de Qatna parle ici de trois ans d'attente dans l'espoir d'accompagner une caravane qui le conduirait auprès du roi (1. 36-41), il faut placer EA 52 à la fin de cette correspondance. EA 53 est au contraire proche des tragiques événements auxquels font allusion ses lettres et le traité CTH 51. Akizzi y décrit avec précision les méthodes du roi hittite et du prince de Qadesh pour fléchir la résistance des princes récalcitrants en faisant alterner

---

85 H.KLENGEL, *GS* II, 162-171.
86 W.L. MORAN, *LAPO* 13, 222-230 (EA 52-56); 431-436 (EA 194-197).

menaces et offres de service : “Et maintenant le roi de Hatti a envoyé Etakama contre moi et il en veut à ma vie. Et maintenant Etakama m’a écrit, disant ceci : “[Viens] avec moi chez le roi de Hatti”. J’ai répondu : “Comment pourrais-je [aller chez] le roi de Hatti ? Je suis le serviteur du roi, mon seigneur, le roi d’Égypte" (EA 53, 11-15). EA 53 signale les attaques menées par Etakama et ses acolytes, les princes de Lapana (Lebwe de l’Oronte) et de Ruḫizzi contre Biryawaza et l’Ube mais la notation la plus importante pour l’étude des relations entre Égypte, Mitanni et Hatti après la victoire de Suppiluliuma se trouve aux lignes 40-44 : “Mon seigneur, de même que j’aime le roi, mon seigneur, de même aussi le roi de Nuḫašše, le roi de Nii (Niya/Apamée de l’Oronte), le roi de Zinzar (Shaizar de l’Oronte), et le roi de Tunanab, tous ces rois sont les serviteurs de mon seigneur”. Ce passage capital est rarement commenté. CAMPBELL l’ignore dans sa chronologie. Il prouve que la campagne de Suppiluliuma n’a pas mis fin à la résistance des anciens vassaux du Mitanni et que ces derniers se sont tournés vers l’Égypte dans l'espoir d'y trouver un appui contre les Hittites. EA 53, 55 signale l'arrivée de messagers du pharaon. Même s'il ne s'agit pas de l'envoyé égyptien ayant rejoint Qatna au retour d'une mission en Mitanni dont parlent EA 54, 38-43 et EA 56, 36-42, il faut rapprocher ces trois passages dont les deux derniers reproduisent verbatim les paroles de “l’ambassadeur” du roi d'Égypte : “J'ai [voyagé] dans le Mitanni et il y avait trois ou quatre rois qui étaient hostiles [envers] le roi de Hatti et qui, tous, se sont rangés à mes côtés”. Il s'agit là, à coup sûr, des “rois” mentionnés par Akizzi en EA 53, 40-44. EA 57, proche de la correspondance de Qatna et qui cite “Akizzi, roi de Qatna” (1.2), permet d’y joindre le prince de Barga (1.3) et la ville de Tunip (1.12 et vo 1). Elle mentionne aussi le rabiṣu Paḫuru responsable des tentatives de rapprochement avec Etakama (EA 189, 17-18; EA 190, 2) et connu par des lettres de Rib-Hadda (EA 117, 61; 122, 31; 123, 13.34; 132, 47), ce qui établit un précieux synchronisme entre les événements survenus en Syrie intérieure et ceux ayant affecté les cités côtières[87]. EA 54, 51, bien que le passage soit mutilé, nomme certainement Karkémish que la Geste de Suppiluliuma connaît bien (fragments 26, 28, 35, 41). La grand forteresse de l’Euphrate est restée aux mains des Hourrites après la “campagne d’un an” (en 1342-1341 av. J.C.) et n’a été prise après un court siège qu’au début de la “guerre de six ans” (1328). Cette situation et les données fournies par EA 54 et EA 56 expliquent que les échanges d’ambassades aient pu se poursuivre entre les cours d’Égypte et de Mitanni après la défaite de Tushratta. Parmi les lettres de ce souverain adressées à Aménophis III, une seule, la première, EA 17, évoquait des faits politiques et militaires. Le raid du roi hittite dont parle EA 75 et la contre-attaque de Tushratta dont font état EA 85-86 et EA 95 (de Rib-Hadda)

---

[87] R. HACHMANN, “Die ägyptische Verwaltung in Syrien während der Amarnazeit”, *ZDPV* 98, 1982, 17-49, en particulier p. 17-35; R. HACHMANN, “*Der Rabisu von Kumidi*”, Archéologie au Levant, Recueil R. SAIDAH, Lyon 1983, 133-145.

ainsi que la tablette mutilée de Teḫu-Tešup (?), EA 58[88], sont passés sous silence dans les échanges épistolaires entre les deux rois. Les trois missives adressées par Tushratta à Akhenaton, EA 27-29, (et EA 26, à la reine-mère Tiyi) ne font que ressasser les mêmes griefs au sujet de statues en or massif promises par Nimmuriya, auxquelles Akhenaton a substitué de vulgaires oeuvres en bois plaquées or, ce qui invite à réduire au minimum la durée de cette correspondance. EA 27, 89-92 et EA 28, 12-19 signalent le départ imminent de deux envoyés du roi de Hurri qui ont l'ordre de "se dépêcher" et n'ont reçu qu'une "petite escorte". Elles ont précédé l'offensive hittite et sont à dater des premiers mois de l'an XII (1343-1342 av. J.C.). La lettre EA 29 est plus tardive sans qu'on puisse faire confiance aux "quatre ans" dont parle un passage mutilé où il est question de "mes messagers" (1.113). Le ton amer de l'expéditeur a souvent fait considérer EA 29 comme une lettre de rupture. Il faut surtout y voir le dernier effort de Tushratta pour maintenir des relations avec la cour d'Égypte après les premiers succès hittites. Il garde alors Karkémish et les Hittites ne contrôlent pas de façon telle la Syrie du nord qu'ils puissent interrompre les communications entre Waššukani et Akhetaton, ce que montrent EA 54 et EA 56. Le mitannien Masibaldi chargé de convoyer EA 29 a peut-être accompagné le "messager de retour du Mitanni" dont parlent les deux tablettes de Qatna. Il faut la dater de l'an XIV, ou au plus tard de l'an XV d'Akhenaton[89].

Les lettres de Biryawaza (EA 194-197) complètent les données fournies par Akizzi mais elles traitent surtout des malheurs qui se sont abattus sur les pays d'Amki, d'Ube et de Bashan. Le prince d'Ube est un grand personnage qui avait lui-même des vassaux et dont la résidence était certainement Damas[90]. Bien qu'accusé par le roi de Babylone du pillage de l'une de ses caravanes (EA 7, 75), il semble avoir joui de l'entière confiance du pharaon et a joué un grand rôle à Kumidi au côté du haut-commissaire Paḫuru (cf. EA 129, 82 de Byblos; EA 197, 38). Ses messages montrent que l'action des fauteurs de troubles, encouragée par les Hittites, s'est étendue jusqu'au sud de Damas. Un passage mutilé semble affirmer que les "rois" de Busruna (Busra en Bashan), Halunnu et Yanuamma "ne cessent de répéter : "[nous sommes les serviteurs du roi de Hat]ti" (EA 197, 21-24), selon les restitutions de W.L. MORAN[91]. Biryawaza dénonce, comme Akizzi, les menées d'Etakama et d'Aziru (ibid. 28-31) et se prépare à accueillir l'armée du roi (EA 195, 24-32). Ainsi se trouve posé le

---

88 *LAPO* 13, 230-231 (EA 58).

89 *LAPO* 13, 179-190 (EA 29).

90 R. HACHMANN, "*Arahattu, Biriawaza, Puhuru*", in R. HACHMANN édit. , "*Bericht über die Ergebnisse der Ausgrabung in Kamid el-Loz in den Jahren 1971 bis 1974* (Saabr. Beitr. zur Altert. 32)", Bonn 1982, 137-177; R. HACHMANN, op. cit., *ZDPV* 98, 1982, 17-30; W.T. PITARD, *Ancient Damascus*, Winona Lake 1987, "The Amarna Period", 58-72; compte-rendu H. KLENGEL, *OLZ* 84, 1989, col. 27-29; N. NA'AMAN, "Biryawaza of Damascus and the date of the Kamid el-Loz 'Apiru Letters", *UF* 20, 1988, 179-193, p. 179-187.

91 W.L. MORAN, *LAPO* 13, 435 et n. 5 p. 436.

problème d'une sortie du corps expéditionnaire égyptien en Syrie après l'offensive de Suppiluliuma, et de son probable échec. Dans EA 195 le prince d'Ube déclare mettre "mes Ḫabiru et mes Sutu (bédouins) à la disposition de l'armée, où que le roi, mon seigneur, [me] commandera d'aller". Or un même scribe dont les graphies sont facilement reconnaissables a rédigé EA 195 et les six "lettres parallèles" EA 201-206[92]. Elles sont les réponses attendues à la demande du roi : "Tu m'as écrit de faire des préparatifs avant l'arrivée des troupes" (EA 201, 9-10 et par.). De nombreux petits princes ne sont présents à el Amarna que par de tels messages, les seuls que leur réclamait la cour. Ceux-ci ont été expédiés de Kumidi, la capitale provinciale, où résidait Biryawaza (EA 197, 38) qui dit y "avoir vu des troupes" (ibid., tranche droite). Mais en plus des lettres des "régents" de Siribašani, en Bashan (EA 201), de Sasḫimi (EA 203), de Qanu (EA 204), de Tubu (EA 205), de Naziba (EA 206) et d'un certain Amawase (EA 202) qui étaient les "rois d'Ube" (EA 197, 42), vassaux de Biryawaza, on possède les réponses de deux des "traîtres" qu'il dénonçait, Arzawiya de Ruḫizzi (EA 191) et Tiwati de Lapana (EA 193). Cet exemple permet de relativiser les accusations réciproques que se lançaient les "fidèles serviteurs" du pharaon. Ce dernier ne se considérait pas comme lié par des accords formels et laissait se développer les conflits locaux, quitte à intervenir quand les intérêts égyptiens étaient menacés[93]. Biryawaza rappelle au pharaon, en EA 194, que son père Sutarna et son grand-père Haštatar (?) ont été les fidèles vassaux de l'Égypte. Il est donc le successeur, en Ube (Apina), d'Ariwana, sans doute son frère aîné, capturé par les Hittites au cours de la "campagne d'un an" (KBo I 1 ro 43-45). La même lettre, postérieure à EA 195 et 197, est l'une des rares qui fasse allusion à l'échec de l'expédition annoncée : "[Tu as envoyé ...] pour protéger tes cités. Et son expédition que tu as envoyée en Naḫrimi ... [la cité ...] a très peur" (1. 17-29). Or EA 196, 9-19 précise "Qu'une [armée puissante] du roi, mon seigneur, vienne [de suite] contre le roi de [Hatti]. La gar[nison du roi, mon seigneur, m'a quitté. Je suis le serviteur du] roi qui a ouvert les chemins [aux troupes, mais] le roi, mon seigneur [doit savoir] que tous les serviteurs du roi se sont enfuis au Hatti et que tous les commissaires du roi, mon seigneur, qui s'étaient avancés [ont été pris ?]"[94]. Il faut rapprocher ces textes de ceux qui évoquent la situation dans la région de l'Oronte.

---

92 J.A. KNUDTZON, EAT II, 1294 n. 2; *LAPO* 13, 432-433; 439-442 et n. 2 p. 433.

93 M. LIVERANI, op. cit., *RA* 61, 1967, 1-18; id., "Political Lexicon and political ideologies in the Amarna Letters", *Berytus* 31, 1983, 41-56.

94 W.L. MORAN, *LAPO* 13, 433-435 et nn. 5-9 p. 434; F. PINTORE, *OA* 11, 1972, 313; A.R. SCHULMAN admet, ce qui semble aller trop loin, deux "guerres hittites" d'Akhenaton, en l'an VI et en l'an XV : "Ankhesenamūn, Nofretity and the Amka affair", *JARCE* 15, 1978, 43-48; A.R. SCHULMAN in D.B. REDFORD édit., "*The Akhenaten Temple Project III,* Toronto 1988, "*Hittites, Helmets and Amarna : Akhenaten" s first hittite war*", section C, nn. 58-59; cf. N. NA'AMAN, "Preparations for egyptian military campaigns", *IEJ* 31, 1981, 180-181.

La lettre de Tunip[95], EA 59, parle du "mauvais sort qui s'est abattu sur ton serviteur (celui du roi) ... dans le pays de Hatti" (l. 21-24) et offre une série de repères chronologiques : c'est l'ancêtre "du roi, Manaḫpiriya (Tuthmosis III ou IV) qui l'a "gouvernée" (l. 5-8); elle n'a plus de prince et réclame le retour "du fils d'Aki-Tešup" retenu en Égypte depuis "vingt ans" (l. 13-17); elle est en butte aux attaques d'Aziru et menacée du sort qu'il vient d'infliger à Nii (l. 25-28) et à Sumur (l. 34-38). Or on sait que la lettre d'Akizzi EA 53 (l. 40-44) donne une place au "roi de Nii" dans la liste des quatre princes qui résistent aux Hittites et réclament l'appui de l'Égypte, au côté des "rois" de Nuḫašše, Zinzar et Tunanab/t, alors que KBo I 1 nous a appris que, lors de la "guerre d'un an", Suppiluliuma a reçu à Alalakh la soumission du roi de Neya (Nii), Takuwa, mais que le frère de ce dernier, Aki-Tešup, a poursuivi la lutte et a été fait prisonnier[96]. Le prince de Nii de EA 53 est soit Takuwa réinstallé dans sa cité et entré en rébellion contre le roi de Hatti, soit Aki-Tešup, renvoyé dans son pays par son vainqueur, comme Etakama à Qadesh. Des années plus tard c'est encore un Aki-Tešup, sans doute identique au précédent, qui se révoltera contre Suppiluliuma, en compagnie d'Addunirari de Nuḫašše (l'auteur probable de EA 51) et d'Ituraddu de Mukiš (Alalakh), à l'aube de la guerre de six ans[97]. EA 59 est donc de peu postérieure à EA 53. Aziru a pillé la ville de Nii mais ne s'y est pas maintenu. L'absence d'Alalakh dans les textes de Qatna et dans toute l'archive amarnienne est la meilleure preuve de la distance qu'il est nécessaire de conserver entre les événements que nous décrivent EA 53 et EA 59, et la révolte des princes de Syrie du nord qui a facilité la mainmise de Suppiluliuma sur Ugarit. La comparaison entre les deux tablettes d'Ugarit, dont deux princes successifs sont les expéditeurs (EA 45 et 49) et la lettre de Tyr EA 151 (l. 55-58) est sans appel : la catastrophe qui a frappé la ville est postérieure à la victoire du roi de Hatti, qui n'a pas pu en tirer profit. Quand Ugarit acceptera la domination hittite, les princes en lutte contre celle-ci seront des "rebelles" ayant violé leurs serments, ce qui n'était pas le cas des vassaux de Mitanni poursuivant leur résistance après la guerre d'un an. Près de dix ans séparent les deux crises. Suppiluliuma avait entre temps soumis les princes qui, comme Aki-Tešup de Nii ou Addunirari de Nuḫašše avaient vainement attendu l'aide de l'Egypte. Il avait aussi épousé la fille du roi de Babylone dont le nom hittite apparaît sur les sceaux authentifiant les accords conclus avec le roi d'Ugarit, indication indiscutable de la date tardive de ceux-ci[98].

---

95 EAT II, 1123-1128; W.L. MORAN, *LAPO* 13, 231-233 (EA 59).

96 *CTH* 51, KBo I 1 ro 30-37; H. KLENGEL, *GS* II, 71-72 et n. 5 p. 73-74.

97 J. NOUGAYROL, Dossiers II A 1-3, *PRU* IV, 1956, 32-52 (RS 17.340, ro 2-5 p. 48-49).

98 C.F.A. SCHAEFFER, *Ugaritica* III, 1956, fig. 2-3 p. 3; pl. I face à la p. 96; J. NOUGAYROL, *PRU* IV, 9-10; 30 (sceau de Suppiluliuma et Tawananna); E. LAROCHE, "Suppiluliuma Ier et Tawananna", *Ugaritica* III, 1956, 98-103; K.A. KITCHEN, *op. cit.*, 1962, "The significance of Suppiluliuma'queens", 1-2.

Mais le cas de Tunip reste l'un des plus intéressants. La ville avait naguère signé un traité avec un roi hittite (CTH 153), puis était repassée dans le camp égypto-mitannien. Son appel à l'aide (EA 59) est arrivé à el Amarna peu après l'avènement d'Akhenaton, si on en croit les lignes 18-20 : "Mon seigneur, si le roi d'Égypte a rendu le fils d'Aki-Tešup (le prince dont on réclame le retour), pourquoi le roi, notre seigneur, l'a-t-il fait revenir sur sa route ?" Deux pharaons sont ici mis en cause et O. WEBER en avait déduit que EA 59 datait de l'an I d'Akhenaton. Elle est sans doute un peu plus récente que "l'avènement personnel" de ce dernier, mais pas de beaucoup. Elle dénonce la menace hittite, ce qui serait impensable avant la victoire de Suppiluliuma, mais elle est postérieure au pillage de Nii et à la prise de Sumur, que la lettre EA 116 situe peu après la montée sur le trône d'un nouveau pharaon[99]. Il faut donc replacer dans un cadre chronologique très étroit une série d'événements graves qui ont profondément modifié l'équilibre des forces en Asie antérieure :

1. l'avènement personnel d'Akhenaton, en l'an XI (août 1343);
2. la campagne syrienne de Suppiluliuma (1342-1341);
3. la prise de Sumur (1341).

Mais par la suite Tunip a été la "capitale" d'Aziru, ce qui a constitué un tournant décisif dans la carrière de ce personnage devenu, lui aussi, le prince d'une cité-état (EA 161; 165-167). Les lettres qui nous font connaître cette nouvelle promotion du chef amorrite sont parmi les dernières qui ont été adressées à Akhenaton, en l'an XVI/XVII de son règne. Or elles signalent la présence du roi hittite en Nuḫašše, nouvelle preuve de la durée et de la fréquence des interventions de ce dernier en Syrie après le "raid" opéré à la fin du règne d'Aménophis III, dix ans auparavant.

LES SUITES DE LA CAMPAGNE SYRIENNE DE SUPPILULIUMA EN "PHENICIE" ET EN AMURRU

Les lettres amarniennes des vassaux du pharaon se répartissent en trois grands blocs entre lesquels il existe peu de points de contact :

1. les lettres de Canaan (Palestine);
2. les tablettes venant de la Syrie intérieure qui portent témoignage des interventions hittites (lettres de Nuhašše, Tunip, Qatna, Ube (Damascène);
3. les lettres des cités côtières, Ugarit, Byblos, Beyrouth, Sidon, Tyr et Akka (en gros la Phénicie classique) et d'Amurru.

---

99 O. WEBER, EAT II, 1127 et n. 2 p. 1127-1128.

La mention dans des lettres de Gubla, de Tyr et d'Akka de trois personnages actifs en Syrie intérieure, Biryawaza, roi d'Ube, Etakama "pawara" ("grand") de Qadesh et Paḫuru, haut-commissaire du roi à Kumidi jette un pont entre les deux derniers groupes et éclaire ainsi l'histoire des relations entre l'Égypte et le Hatti.

La lettre du roi d'Akka, Satatna, apporte une preuve supplémentaire au fait que Biryawaza est un contemporain de la seconde génération amarnienne (EA 234, 10-35).

Les textes issus de Byblos sont beaucoup plus importants. Après la capture d'Abdi-Ashirta, le prolixe ḫazanu de Gubla a écrit plusieurs lettres au vieux roi pour dénoncer les attaques des "fils d'Abdi-Ashirta" et le blocus de Sumur (EA 102 et suivantes). La lettre EA 106 qui annonce la mort du rabiṣu égyptien est sans doute la première expédiée à la cour d'Akhenaton. Pour la première fois, en effet, Rib-Hadda doit répondre à des reproches qui se répéteront ensuite dans des textes bien datés du nouveau règne : "Pourquoi Rib-Hadda continue-t-il à agir ainsi et à envoyer tablette sur tablette au palais ? Il est plus affligé que ses frères (les autres princes) au sujet de Sumur". Le long siège de Sumur a cependant donné de nombreuses occasions à celui-ci d'écrire de nouveau au roi et de se faire blâmer pour ses excès de calame (cf. EA 117, 7-9). Les "paroles du roi" que reproduit EA 106 (l. 13-16, 30-31) montrent que cette missive est postérieure à EA 108-109 et, sans doute, au changement de souverain en Égypte. Elles témoignent aussi d'une attitude plus critique à l'égard du "fidèle serviteur", qui semble la conséquence d'une politique délibérée de la nouvelle équipe au pouvoir, décidée à éviter la rupture avec l'Amurru alors que se précisait la menace hittite. Or le Mitanni reste présent à cette date dans les préoccupations de Rib-Hadda qui compare ses adversaires au roi kassite et au roi de Mitanni (EA 104, 17-24) et dénonce les Amorrites pour avoir livré des chars et des soldats "au pays de Subari" (EA 108, 13-19; EA 109, 38-41). EA 109, 5-8 sonne d'ailleurs comme un adieu au Mitanni que Rib-Hadda a toujours considéré comme un ennemi éventuel : "Jadis quand le roi de Mitanni faisait la guerre à tes pères, jamais tes pères n'abandonnèrent mes pères" alors que EA 116, 67-71, pour la première fois, demande si les fils d'Abdi-Ashirta sont "le roi de Mitanni, le roi de Kaššu, (ou) le roi de Hatti". Or EA 116, 8-16 a annoncé la chute de Sumur, et les lignes 61-67 de la même lettre salué l'avènement d'Akhenaton : "les dieux et le Soleil et Ba'alat de Gubla t'ont accordé de t'asseoir sur le trône etc.".

L'épisode dramatique du siège et de la prise de Sumur s'est donc terminé, au témoignage de EA 59 et de EA 116, peu après le triomphe du roi hittite. La seule précision chiffrée est celle que fournit EA 106, 17 : "C'est parce que depuis cinq ans il y a guerre contre moi que je continue à écrire à mon seigneur". Rib-Hadda parlait des difficultés qu'il éprouvait depuis "deux ans" ou depuis "trois ans" en EA 85 et EA 86, au temps de la contre-offensive de Tushratta. EA 106 qui est contemporaine du changement de règne en Egypte a été écrite pendant l'été de l'an XI d'Akhenaton (novembre 1344 - novembre 1343 av. J.C.) après la mort d'Aménophis III survenue en août.

EA 59 et EA 116 ont deux points communs : elles ont été expédiées quelques mois après la mort d'un pharaon alors que la menace hittite est présente en Syrie; elles suivent de peu la chute de Sumur. Il peut sembler curieux que le prince de Byblos qui avait annoncé en EA 75 le premier raid de Suppiluliuma n'ait pas fait mention de la seconde attaque dont les conséquences ont été beaucoup plus durables. Ceci s'explique par l'étroitesse des préoccupations des princes des cités vassales. Le siège de Sumur a détourné Rib-Hadda des graves événements qui ont affecté au même moment le Mitanni et la Syrie intérieure. Il y reviendra par la suite en insistant sur le fait qu'il avait déjà averti le pharaon (dans des lettres qui ne nous sont pas parvenues) : "N'est-il-pas (vrai) que les troupes hittites ont ravagé les pays par le feu ? J'ai écrit à maintes reprises (à ce sujet) mais aucune réponse ne m'a été envoyée. Ils se sont emparés de tous les pays du roi, mon seigneur, mais mon seigneur ne leur a rien fait. Maintenant ils (les fils d'Abdi-Ashirta) mobilisent les troupes des pays hittites afin de s'emparer de Gubla" (EA 126, 51-60). W. MORAN a montré que EA 126, EA 129, EA 362 (129 a) et sans doute EA 137, lettre d'exil écrite de Beyrouth après que Rib-Adda a été chassé de Byblos, ont été rédigées par le même scribe[100].

EA 126 est la plus ancienne du lot car elle mentionne les "miši", c'est-à-dire les hommes du corps expéditionnaire égyptien envoyés sur la côte d'Amurru par Aménophis III et qui avait capturé le prince rebelle : "Ils (les miši) ont donné tout l'argent et tout l'or du roi aux fils d'Abdi-Ashirta et les fils d'Abdi-Asirta le donnent au roi puissant. C'est pour cela qu'ils sont puissants" (l. 63-66). La présence de cette expression technique, les "miši", rapproche EA 126 de textes plus anciens où elle se rencontre : EA 101, 4; EA 105, 57; EA 108, 38; EA 110, 48.52 et EA 111, 21. En EA 126 cependant le "roi puissant" est certainement celui de Hatti et non plus le mitannien qui sera peut-être évoqué une dernière fois en EA 129, 76, dans un passage mutilé qui semble faire la comparaison habituelle entre les chefs amorrites et divers souverains étrangers[101].

C'est le rapprochement entre la correspondance de Byblos et celle de Tyr qui permet d'aboutir aux conclusions les plus sûres. On a souvent allégué que les lettres d'Abimilki de Tyr, qui ne cite pas le nom de Rib-Hadda, ont été écrites

---

100 W.L. MORAN, *LAPO* 13, 341 n. 1.
101 ibid. n. 27 p. 347, mais la restauration est douteuse.

après la disparition de ce dernier[102]. Ceci est impossible car Abimilki nous apprend lui-même qu'il est monté sur le trône avant la mort d'Aménophis III : "Vois, j'ai dit au Soleil, père du roi, mon seigneur : "Quand verrai-je la face du roi, mon seigneur ? (EA 147, 57-60). Il a, sans aucun doute, succédé au malheureux beau-frère de Rib-Hadda assassiné par ses sujets selon EA 89 (de Byblos), lettre qui est l'une des premières à dénoncer Abdi-Ashrita.

Le prédécesseur d'Abimilki à Tyr était vraisemblablement son frère aîné. Il est l'auteur, comme N. NA'AMAN l'a montré, de EA 295 où apparaît son nom mutilé "...]-DI.KUD / ...]-dâni", et celui, cassé lui aussi, de son "ennemi", le ḫazanu de Sidon, "Yap-[...". Ce dernier est le prédécesseur de Zimredda, l'adversaire qu'Abimilki dénoncera dans toutes ses lettres[103]. EA 89 est donc antérieure à EA 83 qui cite le nouveau prince de Sidon (1.26). La comparaison des données fournies par EA 295, EA 89, EA 83 et les lettres d'Abi-milki (EA 146-155) apporte la preuve qu'à Tyr et à Sidon deux générations de princes se sont succédé au cours de la période amarnienne pourtant relativement brève et que, dans les deux cas, la plus ancienne a été contemporaine d'Aménophis III, alors que la plus jeune (Abimilki à Tyr et Zimredda à Sidon) est montée sur le trône dans les dernières années du vieux pharaon avant de correspondre avec Akhenaton. La même situation de tension entre les princes des deux ports "phéniciens" a perduré au cours des deux règnes. Rib-Hadda dénonce à plusieurs reprises Zimredda mais laisse dans l'anonymat le ḫazanu de Tyr, avec lequel il entretient pourtant des relations plus ou moins "fraternelles", comme l'y invitait le pharaon (Zimredda est nommé en EA 83, 26; 103, 18; 106, 20; le prince de Tyr anonyme qui est Abimilki en EA 77, 15; 92, 34; 114, 13). Il est certain par ailleurs qu'Abimilki était au courant de ce qui se passait à Byblos. Gubla est en effet mentionnée dans EA152 (1.13), tablette malheureusement très mutilée qui faisait allusion à un fait important, peut-être la chute de Rib-Hadda. La jalousie des ḫazanu qui se prétendaient tous les "plus fidèles serviteurs du roi" et les circonstances de son avènement expliquent la discrétion du prince de Tyr en ce qui concerne Gubla. En réalité sa correspondance, très homogène, qui ne cesse de ressasser les mêmes griefs envers le prince de Sidon, n'a pu s'étaler sur un long laps de temps et est strictement contemporaine de la seconde partie des lettres de Rib-Hadda dont Akhenaton était le destinataire[104].

Le rapprochement qui s'impose entre les deux lettres de Tyr, EA 149 et EA 151, et celle de Byblos, EA 116, est éclairant pour préciser la chronologie des

---

102 W.F. ALBRIGHT, "The egyptian correspondance of Abimilki, prince of Tyre", *JEA* 23, 1937, 190-203, p. 195-196; E.F. CAMPBELL, *Chronology*, 71-72 contra : K.A. KITCHEN, *op. cit.*, 1962, 29-31 et n. 4 p. 30; J. FREU, "La correspondance d'Abimilki", *AFLSH* 50, Nice, 22-60, pp. 29-30.

103 N. NA'AMAN, "An additional letter of Tyre (EA 295)", *UF* 11, 1979, 673-684; W.L. MORAN, *LAPO* 13, 524-525 et n. 1 p. 525.

104 E.F. CAMPBELL, *Chronology*, 72; J. FREU *op. cit.*,1985, 29-35.

campagnes de Suppiluliuma. En EA 149, Abimilki déclare :"Ḫa'ip, le flabellifère du roi (muṣalil šarri), le messager (mâr šipri), a livré Sumur à Aziru" (l. 37-40) et ajoute : "Zimredda de Sidon, Aziru insurgé contre le roi et les hommes d'Arwad ont échangé entre eux des serments et rassemblé des navires, des chars et des troupes pour s'emparer de Tyr, la servante du roi", et encore : "Ils ont capturé Sumur grâce aux instructions de Zimredda qui rapporte à Aziru les paroles du roi" (ibid. 57-63 et 67-70). Il faut confronter ce témoignage à celui de Rib Hadda dans EA 116, 6-26, qui, parlant de la prise de Sumur, ne cite d'abord que les "fils d'Abdi-Ashirta" mais ensuite dénonce Aziru et Yapa-Hadda de Beyrouth, auquel l'opposait un long procès (l. 50-55). Quand Rib-Hadda reviendra ensuite sur cette affaire, il ne cessera de présenter Aziru comme le grand responsable de la destruction de Sumur (EA 117, 43-47; 12, 7-8 (cassé); 134, 33-34; 138, 34-35). Ḫa'ip, l'envoyé du pharaon, fils de l'ancien haut-commissaire Paḫamnate dénoncé par le prince de Tyr n'est pas nommé dans EA 116. Mais Rib-Hadda reprend presque textuellement l'accusation proférée par le régent de Tyr en EA 127, 7-8 (restauration de KNUDTZON) et en EA 131, 30-38 : "Autrefois Paḫamnate ne voulut pas m'écouter ... maintenant son fils (=Ḫa'ip) a pillé Sumur". Il précise en EA 132, 42 : "Ḫa'ip a livré Sumur". La seule différence entre les deux témoignages réside dans le fait que les deux régents cherchent, chacun de son côté, à impliquer leur ennemi personnel dans ce drame et à le compromettre aux yeux du roi en l'accusant d'être le complice d'Aziru. Les lettres de Byblos EA 116 et EA 117 (sans doute plus ancienne) ont une certaine priorité sur EA 149 car elles ont été écrites "à chaud", mais Abimilki rappelle en EA 149, 73 qu'il avait averti le roi, sans recevoir de réponse. EA 149 n'est d'ailleurs pas isolée. La lettre EA 151 est un message très proche et probablement un peu plus ancien. Dans les deux tablettes le prince de Tyr signale qu'il n'a pu se rendre en Egypte du fait de l'hostilité de Zimredda qui a intercepté sa caravane et l'a obligé à revenir sur ses pas (EA 149, 28-34; EA 151, 4-14). Dans les deux il réclame l'envoi de vingt hommes de garnison, demande suivie de la même expression poétique chaque fois (EA 149, 18-19; EA 151, 14-17). On a là un exemple parmi d'autres du style très particulier des lettres de Tyr[105].

Les deux lettres enfin contiennent un "rapport d'espionnage", en réponse à une requête du roi : "Ce que tu entends, écris-le au roi" (EA 149, 56-57); "Ce que tu entends au sujet du pays de Canaan, écris-le moi" (EA 151, 50-51). Il s'agit vraisemblablement de la même question, à laquelle Abimilki répond en dénonçant l'alliance de Zimredda avec les marins d'Arwad et Aziru en EA 149, après la prise de Sumur, mais qui avait été suivie d'un rapport beaucoup plus circonstancié en EA 151 qui ignore Sumur et qui est peut-être antérieure à EA 149 : "Le roi de Danuna est mort, son frère est devenu roi après sa mort et son

105 W.F. ALBRIGHT, JEA 23, 1937, 196-203; S. GEVIRTZ, "On Canaanite Rhetoric : the evidence of the Amarna Letters from Tyre", *OR* 42, 1973, 162-176.

pays est en sécurité. Le feu a détruit le palais d'Ugarit; une moitié a brûlé, (l'autre) moitié non. Les troupes hittites n'y sont pas. Etakama, le "pawari" de Qidši (Qadesh) et Aziru ont engagé les hostilités contre Biryawaza" (EA 151, 52-63). Le pays de "Da-nu-na" qui a connu une succession paisible ne peut-être Adana en Cilicie qui faisait alors partie du Kizzuwatna solidement tenu par les Hittites. Il s'agit sûrement de Tunanab/t citée par Akizzi en EA 53, 43[106]. Le calme qui y règne est sans doute une allusion à l'absence de toute intervention hittite à cette occasion.

Le paragraphe consacré à Ugarit est beaucoup plus important. Il indique sans équivoque que Suppiluliuma ou son frère et représentant en Syrie Zida, l'auteur de EA 44, peuvent intervenir dans le grand port, comme aussi à Tunanat, et que cette menace inquiétait le pharaon. EA 116, EA 149 et EA 151 montrent que la présence militaire des Hittites se faisait lourdement sentir en Syrie à une date qui se situe au tout début du règne personnel d'Akhenaton (cf. EA 116) et que leur "protégé", Etakama, avait rapidement conclu une alliance avec le chef amorrite qui menaçait les positions égyptiennes sur la côte.

Ugarit, le plus riche (cf. EA 89, 51) et le plus septentrional des ports placés sous "la protection" de l'Égypte n'a laissé qu'un mince dossier à El Amarna (EA 45-50). Il a cependant le grand intérêt de révéler que deux princes ont correspondu avec le pharaon alors que la menace hittite planait déjà sur la cité. Ammištamru (EA 45) puis son fils Niqmadu, bien connu par les archives de Ras Shamra (EA 49), ont été les correspondants et les vassaux du pharaon avant que le second ne signe un traité avec Suppiluliuma et ne reconnaisse sa suzeraineté[107].

La lettre EA 45 est une affirmation de loyauté du prince d'Ugarit que les envoyés du roi de Hatti (?) cherchent à attirer dans son camp (l. 22-35). Il est vrai que le mot "Hatti" est une restauration proposée par KNUDTZON en EA 45, 22-30. On pourrait a priori lire "roi de Mitanni" mais une comparaison entre EA 45, 22, EA 151, 88 et EA 53, 11-16 impose la lecture de KNUDTZON[108]. Il y a donc eu à Ugarit, comme ailleurs, un laps de temps considérable entre la "campagne d'un an" de Suppiluliuma et la soumission de la ville au "Soleil" hittite, qui nous est attestée par les textes de Ras Shamra. Le traité conclu entre Niqmadu et Suppiluliuma, alors que Nuḫašše, Mukiš (Alalakh) et Niya étaient révoltés contre les Hittites, n'a pas d'écho à el Amarna et a été signé après la fermeture des bureaux survenue en l'an III ou IV de Tutankhamon.

---

106 M.C. ASTOUR, "Toponyms in the hurrian alphabetic tablet RS 24. 285 ", *UF* 2, 1970, 1-6, n° 8b : Tnnb.

107 EAT II, 1097-1102; W.L. MORAN, *LAPO* 13, 215-221; J. NOUGAYROL, *PRU* III, 1955, XXXVI-XXXVII; *PRU* IV, 1956, 27-55.

108 J.A. KNUDTZON, EAT I, 310-311; O. WEBER, EAT II, 1098; doutes de W.L. MORAN, *LAPO* 13, 215-216 et n. 4 p. 216; cf. H. KLENGEL, *GS* II, 340; 480 n. 6.

Le message de Niqmadu, EA 49, semble évoquer la destruction du palais de son père (1. 18) dont parlait EA 151. Il a donc été envoyé bien après la victoire hittite. Les fouilles archéologiques ont apporté la confirmation attendue aux dires des textes, permettant peut-être de mettre en cause un violent séisme pour expliquer les destructions observées. EA 151 date l'événement de 1341/1340 environ[109].

Après la prise et la destruction de Sumur, Aziru, qui n'avait jamais rompu les contacts avec les officiers égyptiens (cf. EA 171, sa lettre la plus ancienne qui cite Yanḫamu et Pawura), a été reconnu comme prince d'Amurru et a trouvé des protecteurs à la cour. Suppliant le roi de le "laisser en Amurru" (EA 156, 14) il n'a cessé de rejeter la responsabilité des événements sur les "Grands de Sumur" (EA 157, 12) et de promettre de reconstruire Sumur (EA 159, passim; EA 160, 20-32; EA 161, 35-40), tout en gardant contact avec le roi de Hatti (EA 161, 47-53). Il a, en même temps, accentué sa pression sur Byblos et Batruna (EA 124, 34), les deux dernières villes tenues par Rib-Hadda. Le vieux régent malade et découragé a multiplié en vain ses appels au secours (cf. EA 118-138), s'attirant en retour reproches et remarques désobligeantes : "Garde-toi toi-même !" (ex. EA 121, 8-17; 122, 9-19; 123, 29-30). Il a été maltraité par le haut-commissaire Paḫuru qui a envoyé des Sutu tuer plusieurs Shardanes de la garde du prince (EA 122, 31-39; 123, 9-15), et enlever trois hommes de Gubla (ibid. 16-21). Abandonné par les siens, il est allé à Beyrouth conclure une alliance avec le régent de cette cité mais n'a pu rentrer dans Gubla dont son "frère cadet" lui a fermé les portes (EA 136-138, passim). Après un an (?) d'attente (EA 138, 19-25), son fils et son messager n'ayant pu obtenir une audience du roi (ibid., 75-81), il a fini par se jeter dans les bras d'Aziru qui, au lieu de l'aider à rentrer dans sa cité, l'a livré à ses ennemis qui l'ont fait mourir à Sidon (EA 162, 7-21). La tragique fin du "loyal serviteur" nous est connue par l'une des rares copies de lettres royales conservées à Akhetaton.

L'auteur de EA 162 fait surtout reproche à Aziru de n'avoir pas dénoncé la démarche de Rib-Hadda et de s'être allié à Etakama (ibid., 22-32). Malgré la menace : "Si tu complotes quelque méfait ou quelque traîtrise, alors toi et toute ta famille mourrez par la hache du roi" (ibid., 35-38), le ton du message est conciliant. Le pharaon qui ne veut pas rompre accorde un délai d'un an au chef amorrite pour venir lui rendre hommage à la cour (ibid., 42-54) et annonce l'envoi du messager Ḫan(n)i (ibid., 55-63).

---

109 O. WEBER, EAT II, 1253; C.F.A. SCHAEFFER, "Le tremblement de terre du milieu du XIVe siècle à Ugarit", *Ugaritica* I, 1939, 35-37; M. LIVERANI, *Storia di Ugarit*, Rome 1962, 28-29; id., "Ras Shamra", *SDB*, fasc. 53, 1979, col. 1298-1303; *LAPO* 13, 386 n. 6.

Cette tablette peut être datée de la dernière année d'Akhenaton si on tient compte du temps nécessaire pour l'envoi, à ce pharaon, des lettres de Byblos postérieures à la chute de Sumur (EA 118-138). Mais on peut préciser davantage grâce aux lettres de Tyr, de Sidon et de Beyrouth qui annoncent l'arrivée sur les côtes de Canaan et d'Amurru des navires et des troupes du corps expéditionnaire égyptien. Comme dans tous les cas semblables l'opération a été annoncée par une lettre circulaire du roi ordonnant à ses vassaux de préparer le campement et le ravitaillement des troupes. Nous avons les réponses de Zimredda de Sidon (EA 144, 18-20) et d'Ammunira de Beyrouth (EA 141, 18-23; 142, 25-31; 143, 18-35). L'ordre royal : "Prépare tout pour les troupes (ṣâbe pitati) du roi, ton seigneur", et la réponse du vassal : "J'ai préparé mes chevaux, mes chars et tout le ravitaillement disponible chez le serviteur du roi, mon seigneur, pour les troupes du roi, mon seigneur" (EA 141, 18-33) sont bien datés par EA 142 qui, tout en confirmant que tout est prêt pour la réception des troupes (1. 25-31), ajoute que "l'homme de Gubla", c'est-à-dire Rib-Ḫadda, "est près de moi" (ibid., 15-24). L'expédition n'est pas arrivée à temps pour sauver le "juste souffrant" mais Ammunira ajoute que les "navires du roi" sont entrés dans le port de Beyrouth en EA 143, 18-35 et qu'il les a réexpédiés (texte cassé) selon le plan arrêté, tout en faisant remarquer que "(les hommes) sont épuisés" (ibid., 36-38)[110].

Abimilki, à Tyr, a exécuté ponctuellement les ordres reçus et "tenu ses navires à la disposition des troupes du roi" (EA 153, 4-11). Mais, dans ce qui est vraisemblablement son dernier message à Akhenaton, où il confirme le départ des troupes et le fait que les trois régents de Beyrouth, Sidon et Tyr servent le roi avec leurs navires (EA 155, 65-71), le prince de Tyr rend un hommage appuyé à la fille du pharaon, Mayati (Merit-Aton) l'épouse du corégent Smenkhkarê. Abimilki est le "serviteur de Mayati", Tyr est "sa ville". Elle est "ma vie, nuit et jour", dit le fidèle gouverneur (EA 155, 29-30). EA 155 est une lettre destinée à Mayati plus encore qu'au roi, ce qui ne peut s'expliquer que par la proclamation récente de Merit-Aton comme "reine et grande épouse royale", associée au trône avec son mari Smenkhkarê, sans doute le frère d'Akhenaton. L'inscription du coffret de la tombe de Tutankhamon montrant les deux rois, Akhenaton et Smenkhkarê, et la "grande épouse royale Merit-Aton", prouve que le "roi hérétique" a partagé le pouvoir à la fin de son règne avec un corégent et que ce dernier a épousé la "princesse héréditaire", renouant ainsi avec les traditions de la XVIIIe dynastie.

---

110 W.L. MORAN, *LAPO* 13, 373-374 (EA 143).

L'hypothèse faisant de Smenkhkarê le nouveau nom de la reine Nefertiti devenue "roi et corégent" semble exclue[111]. La célèbre reine avait sans doute disparu avant l'an XIV, ce qui explique la promotion de sa fille. Mayati est citée dans deux lettres du roi Burnaburiaš de Babylone (EA 10, 11; EA 11, vo 26), qui sont donc proches de EA 155. EA 10 a une expression : "Quand j'ai appris ce qui concernait ta fille Mayati ...", qui semble indiquer que la jeune reine a été malade, peut-être à la suite de la naissance de Merit-Aton-ta-sherit ("la petite") dont Smenkhkarê était vraisemblablement le père, et non Akhenaton[112].

La lettre suivante, EA 11, apporte une réponse définitive au problème de la succession d'Akhenaton si on adopte la solution proposée par W. VON SODEN et P. VAN DER MEER[113]. Burnaburiaš s'adresse à Napḫururiya (EA 11, 1) et lui expose les conditions préalables au mariage de sa fille et du pharaon. Il termine en faisant l'éloge d'une nouvelle reine qui avait sans doute succédé à Mayati : "A la maîtresse de ta maison (a-nabêlti bîti-ka) j'ai envoyé vingt bagues de lapis-lazuli de bonne qualité, alors que Mayati n'avait rien fait pour moi (ki-i SAL Ma-ya-tu-ma la i-pu-ša-an-ni ša a-na-ku-šu-ul- –) ... et n'avait pas relevé ma tête quand j'étais dans la détresse" (ibid. vo 25-27). Si la valeur attribuée à la conjonction "ki" est exacte, c'est la soeur cadette de Mayati, Ankhesenpa-Aton, qui est ici la "maîtresse de ta maison". On avait supposé depuis longtemps que Smenkhkarê l'avait épousée après la mort de sa soeur et qu'elle était la mère de la petite princesse Ankhesenpa-Aton-ta-sherit. Smenkhkarê ayant disparu, vraisemblablement avant Akhenaton, elle épousera le jeune Tutankhaton (Tutankhamon).

111 J.R. HARRIS, "Nefertiti Rediviva", *Acta Or.* (Copenh.) 35, 1973, 5-14; J.R. HARRIS, "Nefernefruaten Regnans", ibid. 36, 1974, 11-22; J. SAMSON, "Nefertiti's Regality", *JEA* 43, 1977, 88-97; J. SAMSON, *Amarna City of Akhenaten and Nefertiti*, 2ème édit., Warminster 1978, 107-139 et de nombreux articles du même auteur parmi lesquels "Akhenaten"s Successor", *GM* 32, 1979, 53-58; "*The history and the mystery of Akhenaten's succesor*" in : l'Égyptologie en 1979, Paris 1982, 291-297; "Akhenaten"s coregent Ankhkheprure-Nefernefruaten", *GM* 53, 1982, 51-54; "Akhenaten's coregent and successor", *GM* 57, 1982, 57-59; "Nefernefruaten-Nefertiti" beloved of Akhenaten", ibid., 61-ss; contra : S. TAWFIK "Aton Studies 6. Was Nefernefruaten the immediate successor of Akhenaten ?", *MDAIK* 37, 1981, 469-473; A. DODSON, "Nefertiti's Regality : a comment", *JEA*, 1981, 179; R. HARI, *BiOr* 39, 1982, col. 266-270; W.J.MURNANE, *JNES* 42, 1983, 157, etc; cf. : R. KRAUSS, "Bemerkungen zu Chronologie und Status von Nofretete" in Das Ende der Amarnazeit, *HÄB* 7, 1978, 96-109.

112 W. VON SODEN, "Zu den Amarnabriefen aus Babylon und Assur", *OR* 21, 1952, 426-434, p. 431-432; P. VAN DER MEER, "The chronological determination of the mesopotamian letters in the el Amarna archive" *JEOL* 15, 1957-1958, 74-96, p. 94-96.

113 W. VON SODEN, ibid.,434, P. VAN DER MEER, ibid., 75-76; W.L. MORAN, *LAPO* 13, 84-88.

Burnaburiaš a ensuite envoyé une lettre à Nipḫurrereya, c'est-à-dire à Tutankhamon, EA 9[114].

Cet ensemble de textes montre qu'Akhenaton, qui n'était pas le pacifiste débile qu'on a décrit, a fait "sortir" ses troupes et sa flotte vers la fin de son règne, comme son père. Il a obligé Aziru à se rendre à la cour après bien des atermoiements (EA 164-168). Les excuses présentées à cette occasion par le prince d'Amurru prouvent que Suppiluliuma est de nouveau présent en Syrie comme il l'était à la fin du règne précédent. Dans une lettre au "commissaire" égyptien Tutu qu'il appelle "mon seigneur et mon père" (EA 164, 1-3), Aziru déclare qu'il ne peut partir parce que le "roi de Hatti est venu en Nuḫašše". Il ajoute : "Dès que le roi de Hatti sera parti, j'entreprendrai de suite le voyage avec Ḫatip (l'envoyé égyptien)" (ibid., 18-26). De même en EA 165 (au roi) : "Le roi de Hatti séjourne en (Nuḫašše) et j'ai peur ...". Ce qui n'est pas qu'un prétexte car l'Amorrite avait fait de Tunip, une ville que pouvait revendiquer Suppiluliuma, sa capitale (cf. EA 161, 11-34 qui mentionne l'envoyé du pharaon Ḫani). EA 165, 38-41, EA 166, 21-29 et EA 167, 20-24 insistent sur le fait que, en Nuḫašše, le roi de Hatti n'est qu'à "deux journées de marche de Tunip". Cette série de tablettes, dont deux seulement (EA 165 et 168) adressées au roi, n'a couvert qu'un court laps de temps, en l'an XVI et XVII (le dernier) du pharaon.

Les tablettes les plus récentes qui sont arrivées après la mort de Rib-Ḫadda et le départ d'Aziru pour l'Egypte peuvent être datées du règne de Tutankhamon, comme EA 9 (de Babylone) et EA 210. La crise qui couvait en Syrie du nord et qui explique les tardives initiatives guerrières d'Akhenaton avait pour centre le Nuḫašše, région steppique qui était le refuge des semi-nomades, les Sutu, et des "hors-la-loi", les Ḫabiru. Rebelles à toute domination, les tribus de la région n'ont cessé de résister à l'emprise hittite. L'un des "rois" qui avait succédé à Šarrupši a adressé alors une demande de secours au pharaon (EA 51) avant de se soumettre à Suppiluliuma puis de se révolter à nouveau. C'est l'occupation de Tunip, ville située vers l'Oronte, en bordure du Nuḫašše, qui a provoqué les hostilités entre l'Amurru et les "roi de Nuḫašše", soutenus par un envoyé égyptien, aux dires d'Aziru (EA 161, 35-40). Après le départ de ce dernier les "rois de Nuḫašše" ont accusé le fils d'Aziru "d'avoir vendu son père

---

[114] EA 9, 1.1 : ni-ip-ḫu-ur-ri-ri-ya, EAT I,88-91; EAT II, 1027-1028; E.F. CAMPBELL, *Chronology*, 56-59; cf. E. EDEL, "Neue Keilschriftliche Umschreiben ägyptischer Namen aus den Boğazköytexten", *JNES* 7, 1948, 11-24 p. 14-15; W.L. MORAN, *LAPO* 13, n. 136 p. 55, 80-82; R. KRAUSS, *Das Ende der Amarnazeit*, 18-19 considère que Niphururia est équivalent à Nfr-ḫpr.w-r' et à Nb-ḫpr.w-R'; cf. ibid. Exkurs 4, "Der Zeitliche Abschluss des Amarna Archivs mit den Tod Niphururia-Achenatens", 71-78, p. 74 (EA 9); contra : H.G. GÜTERBOCK, *JCS* 10, 1956 94 n. E; J. VERGOTE, Toutankhamon dans les Archives Hittites, *Ist.* 1961 "Pour ou contre Toutankhamon", 6-7; A.R. SCHULMAN, "Ankhesenamum, Nofretity and the Amka affair", *JARCE* 15, 1978, 43-48; id., "Diplomatic marriage in the egyptian New Kingdom", *JNES* 38, 1979, 177-193, p. 177-179; W. BARTA, "Akenkheres und die Witwe des Nibhururias", *GM* 62, 1983, 15-21.

au roi d'Égypte pour de l'or" alors que les Sutu, qui désertent en masse, déclarent : "Aziru ne quittera plus l'Égypte" et "c'est pour cela que nous allons te faire la guerre" (EA 169, 16-39, vraisemblablement de DU-Tešup)[115].

EA 170 est un message adressé à Aziru lui-même en Égypte, par Baaluya, qui joue le rôle de régent en Amurru, et un certain Bet-ili, sans doute deux de ses frères. Il montre que les Hittites ont réagi avec vigueur aux "provocations" égyptiennes et aux révoltes locales.

Le prince hittite Zitana est entré en Nuḫašše avec des forces considérables et Bet-ili est parti à sa rencontre afin de se renseigner et d'informer Aziru (EA 170, 19-35). Mais les auteurs de la lettre ont insisté d'abord sur un événement d'une gravité exceptionnelle : "Les troupes du Hatti sous (les ordres de) Lupakki ont pris les villes du pays d'Amki; en plus des villes elles ont pris Aaddumi (?). Que notre seigneur le sache". (ibid., 14-18).

La pays d'Amki (EA 53, 140, 170, 173-176 et 363) correspond à l'actuelle Bekâ libanaise formée par les hautes vallées de l'Oronte et du Litani. Encadré par les chaînes du Liban et de l'Anti-Liban, ce couloir de direction nord-sud avait une grande importance stratégique. Suppiluliuma n'y avait pas pénétré lors de la campagne d'un an (1342-1341 av. notre ère), respectant ainsi l'ancien traité conclu par l'un de ses prédécesseurs avec le pharaon et prévoyant la déportation en territoire égyptien de prisonniers gasgas du pays de Kurustama[116]. Il est vraisemblable que ces "déditices" avaient été précisément installés en Amki. Mais le roi hittite avait laissé Etakama de Qadesh, dont la ville barrait la vallée de l'Oronte au nord de la Bekâ, fomenter troubles et révoltes dans toute la région. Akizzi le signale en EA 53, 56-62 : "Mon seigneur, si Arzawiya de Ruḫizzi et Teuwatti de Lapana restent en Ube, et si Tašša reste en Amki, mon seigneur doit savoir qu'à cause d'eux l'Ube ne restera pas longtemps à mon seigneur. Journellement ils écrivent à Etakama pour lui dire : "Viens, prends tout le pays d'Ube". Il s'agit là d'un conflit local, comme les textes d'Amarna en offrent maints exemples[117]. Ce qui inquiète Akizzi est la menace qui pèse sur l'Ube et Dimaški (Damas) et non l'incident survenu en Amki. Il est impossible de faire de ce non-événement un épisode de l'offensive hittite dont parle EA 170, EA 173-176 et 363 ainsi que la lettre de Byblos EA 140. Akizzi avait trop à se plaindre du roi de Hatti pour ne pas le mettre en cause à l'occasion. C'est pourtant cette mention du pays d'Amki qui a servi de base à une datation tardive des lettres de

115 EAT II, 1272; W.L. MORAN, *LAPO* 13, 408-409 et n. 1 p. 409.

116 D. SÜRENHAGEN, *Paritätische Staatsverträge aus hethitischer Sicht*. Zu historischer Aussagen und literarischer Stellung des Textes CTH 379, Pavie 1985, *passim*.

117 EAT II, 1109-1117 p. 1112; W.L. MORAN, *LAPO* 13, 224-226.

Qatna[118]. Dans les lettres EA 140, EA 170 et suivantes, il s'agit au contraire d'une agression caractérisée. Mais les deux opérations lancées par les généraux hittites n'ont pas la même signification. En Amki, Lupakki se fait, en violation d'un traité formel, le complice des agissements d'Etakama, répondant sans doute à l'appel de ce dernier menacé d'une expédition punitive des Egyptiens.

En Nuḫašše, par contre, Zitana, qu'on ne peut sans preuve identifier à Zita, le frère de Suppiluliuma, ne fait que poursuivre la lutte engagée depuis des années contre les tribus et les principautés turbulentes de cette vaste contrée. Le grand roi, présent quelques mois auparavant (EA 164-168), a quitté le pays, laissant à ses généraux la responsabilité des opérations. La tablette mutilée EA 173 et surtout le "communiqué commun" des petits princes d'Amki nous renseignent sur la violence et l'ampleur de l'offensive hittite : "Nous sommes dans le pays d'Amki, dans les villes du roi, mon seigneur, et Etakama, "l'homme de Kinza" s'est mis à la disposition des troupes du Hatti et il a incendié les villes du roi, mon seigneur" (EA 174, de Bieri de Ḫašabu; EA 175 de 'Ildayyi de Ḫasi; EA 176, où les noms ont disparu; EA 363 de 'Abdi-Riša d'Eni(ša)si et vraisemblablement EA 177 du prince de Gudašuna)[119]. L'hypothèse d'une succession, sans solution de continuité, de la campagne d'un an (CTH 51) et de ces événements est impossible[120]. Le lien étroit qui unit EA 170 et les autres textes cités situe le "dossier d'Amki" après la mort de Rib-Hadda et le départ d'Aziru pour l'Égypte, à l'extrême fin du règne d'Akhenaton, ou dans les premières années de Tutankhamon.

La tentation est encore plus grande de comparer ces faits et ceux que décrit la "7ème tablette" de la Geste de Suppiluliuma[121]. Dans ce dernier texte, le grand roi, qui s'apprête à assiéger Karkémish, lance ses avant-gardes commandées par son fils Arnuwanda et son frère Zita contre les Hourrites (fragment 28 A ii, 29-37) mais, apprenant que les Égyptiens ont attaqué "l'homme de Kinza" (ibid. 21s) il les fait repousser par les troupes de Tarḫunda-Zalma et Lupakki qui ravagent le pays d'Amki et ramènent prisonniers et bétail, sans que les Égyptiens effrayés aient réagi (A iii, 1-6). C'est sur ces entrefaites qu'une ambassade égyptienne vient annoncer la mort du pharaon P/Nipḫururiya

---

118 D.B. REDFORD, *History and Chronology*, 1967, 220-221 place toutes les lettres d'Akizzi après la chute de Rib Hadda; cf. K.A. KITCHEN, *Suppiluliuma and the Amarna Pharaohs*, 16 et n. 7.

119 EAT II, 1276-1278; *LAPO* 13, 413-416 et 558-559 (EA 363).

120 R. KRAUSS, *Das Ende der Amarnazeit*, Exkurs 1 "Zur Chronologie der Syrienfeldzuge Suppiluliuma", 54-58; contra : W.J. MURNANE, compte-rendu, *OR* 52, 1983, 277-279.

121 W.F. ALBRIGHT, op. cit., *JEA* 23, 1937, 194; E.F. CAMBELL, *Chronology*, 60-62; D.B. REDFORD, *History and Chronology*, 1967, 216-225, table, 225; R. KRAUSS, *Das Ende der Amarnazeit*, date EA 170 des mois de juin-juillet de l'an XVII d'Akhenaton p. 61-62; contra : J. STURM, "Wer is Piphururias ?", *RHA* II, 1933, 161-176; K.A. KITCHEN, *Suppiluliuma and the Amarna Pharaohs*, 32, table, 46-48; D. SÜRENHAGEN, *Paritätische Staatsverträge*, II "CTH 369 als historische Quelle", 17-21 adopte les conclusions de KRAUSS, cf. n. 5 p. 17.

et présenter la requête de sa veuve qui désirait épouser un fils du roi hittite (ibid., 7-25). Comme Niphururiya est sûrement Tutankhamon (Nb-ḫpr.w-Rʿ) et que l'archive amarnienne a été fermée en l'an III ou IV de son règne, il faut admettre que les deux "guerres d'Amki" n'ont pas le même arrière-plan.

D'abord les acteurs ne sont pas les mêmes ou du moins n'agissent pas sur le même terrain. EA 170 ignore le prince héritier Arnuwanda, ce qui est un indice de l'antériorité des événements qu'il rapporte. "Zitana" opère en Nuḫašše selon la même lettre qui ignore les Hourrites. Selon CTH 40, fr. 28, Zita et Arnuwanda livrent bataille aux Hourrites dans leur pays (*I-NA* KUR URU Ḫurri, 1.31). Lupakki seul est nommé en EA 170 alors qu'il est accompagné par Tarḫunda-Zalma dans la Geste. C'était une tradition bien établie en pays hittite de laisser généraux, vice-rois et gouverneurs de longues années (les textes disent "vingt ans") dans le même poste. Il y a eu, avant que la guerre éclate, deux violations d'un traité solennel conclu avec les pharaons. Les troupes du grand roi ont envahi deux fois le pays d'Amki, comme le reconnaît Mursili, le fils de Suppiluliuma, dans sa seconde prière pour conjurer la peste, KUB XIV 8[122] : "Quand le dieu de l'Orage du Hatti eut conduit en Egypte le peuple de Kurustama et eut conclu un accord le concernant avec les Hittites ... bien que les Hittites aussi bien que les Egyptiens fussent engagés par serment envers le dieu de l'Orage du Hatti, les Hittites ignorèrent leurs obligations ... (ils) rompirent le serment envers les dieux. Mon père envoya fantassins et chars attaquer le pays d'Amki, territoire égyptien". Cette première violation de l'antique traité a été, pour Mursili, l'origine des malheurs qui se sont abattus sur ses états sous la forme d'une épidémie de peste. Le texte poursuit : "De nouveau il (Suppiluliuma) envoya des troupes et de nouveau elles attaquèrent (le pays d'Amki). Quand les Égyptiens furent effrayés, ils demandèrent qu'il envoie un de ses fils pour régner (sur eux) mais quand mon père leur eut envoyé l'un de ses fils, ils le tuèrent". Suit alors le récit de la guerre contre l'Égypte, parallèle à celui des fragments 28 et 31 de la Geste[123]. Une preuve de l'identité du pharaon est fournie par un autre texte de Mursili, KUB XXXI 121 a II 10-12, qui précise, après avoir rappelé l'attaque de Lupakki et Tarḫunda-Zalma (l. 6-9) : "Mais le roi d'Égypte mourut en ces jours. Or j'étais jeune alors (TUR-aš e-šu-un) et je ne sais pas si le roi d'Égypte avait fait une requête à mon père au sujet de ces pays ou s'il ne l'avait pas faite". L'excuse présentée par Mursili est banale. Elle ne signifie pas que le jeune prince était un "enfant" à l'époque des faits mais qu'il n'avait pas de responsabilités et était "un jeune homme" peu au courant des affaires. Le même souverain souligne qu'il était "jeune" lors de son avènement et nous possédons un excellent exemple de l'usage qu'on faisait de cette expression dans la lettre "Tawagalawa" (de Muwatalli ou de Hattusili), KUB XIV 3 IV 32-34 : "Mon frère (le roi d'Aḫḫiyawa) m'a autrefois [écrit ceci : "Tu as prononcé

---

122 R. LEBRUN, *Hymnes et Prières Hittites*, 1980, 203-216.
123 H. G. GÜTERBOCK, *JCS* 10, 1956, 90-98, 107-108.

des paroles blessantes] et tu as agi de façon agressive envers moi. [Mais vois, mon frère], alors j'étais jeune." A la mort d'Akhenaton, seize ans avant qu'il monte sur le trône (plus si on attribue un règne indépendant à Smenkhkarê), Mursili était un "petit enfant" et il aurait dû présenter les choses de façon différente dans ses prières. A la mort de Tutankhamon, sept ans avant son avènement, il était encore "jeune", comme l'auteur de CTH 181 quand il ne respectait pas le protocole dans une lettre au roi d'Ahhiyawa ou comme "Tuthaliya le jeune" lors du coup d'état de Suppiluliuma[124].

Les textes hittites invitent à rapprocher dans le temps les deux affaires d'Amki. Puisque la seconde attaque s'est produite alors que se mourait Tutankhamon, l'an un de la guerre de six ans (1328 av. J.C.), la première doit être datée des débuts du même règne, alors que la cour se préparait à quitter Akhetaton et que les dernières lettres des rois étrangers (ex. EA 9, de Babylone), ou des princes vassaux, arrivaient à el Amarna, en l'an III ou IV du jeune pharaon (1335-1334 av. J.C.). KUB 121a suggère que des négociations avaient alors abouti à un modus vivendi, bien que Mursili prétende l'ignorer.

La fin de l'ere amarnienne : Ugarit, l'Amurru et la "guerre hourrite de six ans"

Les tablettes EA 139 et 140 appartiennent à cette ultime série de messages. Leur expéditeur Ili-Rapih n'est pas un prince mais écrit en son nom et au nom de "Gubla, ta servante". Il n'est pas le cadet qui a trahi Rib-Hadda car il a cosigné avec ce dernier EA 128 et dénonce avec violence Aziru, auquel il attribue les crimes de son père (EA 139, 12-17; 140, 10-15). Les deux textes prolixes et confus semblent parodier ceux de son illustre prédécesseur. Trois notations intéressantes surnagent de ce pathos : Aziru a tué "le loyal régent" (EA 139, 39); "il a commis un méfait quand on l'a amené devant toi. Ce méfait nous visait"; et "il a envoyé (ses) hommes à Etakama pour frapper tous les pays d'Amki" (EA 140, 20-30). Aziru est donc soit en Égypte où il a comparu devant le roi (et calomnié Ili-Rapih), soit déjà de retour. Il est peu plausible que les Amorrites aient participé à l'invasion du pays d'Amki mais Ili-Rapih fait flèche de tout bois contre son adversaire[125].

Aziru avait fait prêter un serment solennel aux dignitaires égyptiens avant de partir pour la cour (EA 164, 27-34, à Tutu). Là il pouvait compter sur le

---

124 H.G. GÜTERBOCK, Mursili's accounts of Suppiluliuma's dealings with Égypt, *RHA* XVIII/66-67, 58-62 (KUB XXXI 121a II 10-12); F. SOMMER, *Die Ahhijava-Urkunden*, Munich 1932, 16-19 (KUB XIV 3); R. LEBRUN, *Hymnes et Prières Hittites*, 1980, 192-203 (CTH 378.1).

125 EAT II, 1241-1242; E.F. CAMPBELL, *Chronology*, 107 et n. 1. W.L. MORAN, *LAPO* 13, 367-369 et n. 4 p. 368 (EA 139-140).

soutien d'un "parti pro-amorrite" influent dont les membres, Tutu, Ḫani et Ḫatip jouaient un grand rôle dans les "affaires du nord". Ils ont obtenu qu'Aziru soit renvoyé dans sa principauté au cours du règne de Tutankhamon. Son fils (DU-Tešup, auteur de EA 169) et son frère (?) Baaluya (EA 170) avaient habilement utilisé la menace que les Hittites faisaient peser sur toute la région pour faire hâter son retour et cette situation dégradée a dû jouer dans la décision des responsables égyptiens qui gouvernaient l'empire au nom d'un enfant[126].

Aziru rentré en Amurru a d'abord mis fin, semble-t-il, aux "dissentiments" qui avaient opposé ses "prédécesseurs" et les fastueux princes d'Ugarit dont les frontières (ou celles de leurs vassaux) bordaient son pays au nord. Ont été ainsi réglés les conflits ayant affecté les relations entre trois "hommes d'Amurru" et deux "rois d'Ugarit" auxquels s'est joint un vassal :

1. entre Niqmepa d'Amurru et Ammištamru d'Ugarit (cf. EA 45);
2. entre Baaluya (cf. EA 165, 9; 170, 2) et Niqmadu (EA 49) auquel est adjoint Abdiḫebat de Siyannu;
3. entre Aziru et le même Niqmadu d'Ugarit (plus Abdiḫebat).

Niqmepa est certainement un fils ou un frère cadet d'Abdi-Ashirta. Il ne peut guère être son frère aîné ou son père puisqu'il est un contemporain d'Ammištamru présent dans le corpus amarnien (EA 45). Lors de la capture d'Abdi-Ashirta (et de sa mort, en Égypte sûrement) il a été reconnu par les tribus mais il n'a pas reçu l'investiture du roi d'Égypte et n'est pas représenté dans les archives d'Akhetaton. Avec son frère ou neveu Pu-Baḫla (EA 104, 7), il a rapidement réoccupé l'Amurru et les villes situées au nord de Byblos, Ardata, Waḫliya, Ambi, Šigata, Ullasa (EA 98 et EA 104, passim) et conclu des accords avec les Ḫabiru et les marins d'Arwad (l'île de Rûad). Les lettres de Rib-Hadda EA 103-105 et 109 qui sont parmi les dernières écrites à Aménophis III ont un caractère très différent de celui des missives adressées au même roi quelques années auparavant. Il s'agissait alors, à l'époque du "raid de Suppiluliuma", de défaites successives enregistrées par le prince de Byblos dans une série de tablettes envoyées au cours de plusieurs années. Les "fils d'Abdi-Ashirta" ont, au contraire, repris d'un coup les positions perdues, preuve de l'attachement des populations à cette "dynastie tribale".

Aziru, qui était sûrement l'héritier légitime d'Abdi-Ashirta, est monté sur le trône après un court "interrègne". Il a réussi à obtenir l'investiture du pharaon mais a dû se rendre à la cour pour rendre hommage à son suzerain. Il devait se trouver a Akhetaton lors de l'avènement de Tutankhamon et de l'offensive hittite en Amki (EA 170). C'est alors que Baaluya a exercé la régence en Amurru et négocié un modus vivendi avec le roi d'Ugarit, Niqmadu.

---

[126] EAT II, 1272-1275; *LAPO* 13, 408-411 (EA 169-170).

Aziru, dès qu'il a été autorisé à quitter l'Égypte, a repris les négociations avec Niqmadu après son retour en Amurru.

Le dossier II C des archives d'Ugarit semble montrer que l'accord a été signé entre des princes souverains, en particulier les clauses militaires où Aziru promet, contre argent, de combattre les ennemis de Niqmadu[127]. On peut cependant se demander s'il n'a pas été conclu sous l'égide de Suppiluliuma dont les deux princes ont fini par reconnaître la suzeraineté.

Le traité de vassalité qui a fait d'Aziru le fidèle du grand roi hittite précise en effet que lorsque le "roi d'Amurru" "s'éloigna de la Porte d'Égypte et devint le sujet du Soleil "..." le roi d'Égypte, le roi de Hurri, le roi de ..., le roi de Nuḫašše, le roi de Niya, le roi de ..., le roi de Mukiš, le roi de Ḫalba, le roi de Karkémish, tous ces rois étaient hostiles au Soleil" (CTH 49 I 14-19)[128]. Une telle liste semble indiquer que la soumission de l'Amorrite a précédé la guerre de six ans puisque Karkémish a été prise d'assaut au début du conflit. Par ailleurs la révolte des rois de Nuḫašše, Niya et Mukiš (Alalaḫ) n'a aucun écho dans la "7ème tablette" qui ne parle d'aucune opération militaire dans ces directions. L'offensive lancée contre les provinces égyptiennes nécessitait que les arrières des armées hittites soient tranquilles. Il faut cependant garder en mémoire que la liste des "pays ennemis" peut être un texte stéréotypé, comme on en a d'autres exemples. La mention d'Alep, vaincue au cours de la "guerre d'un an" est peu explicable. De même celle d'un "roi de Karkémish" dont la Geste ignore l'existence dans son récit de la prise de la ville.

Le traité Mursili -Tuppi-Tešup se contente de rappeler qu'Aziru, le grand-père du contractant, est resté loyal quand les rois de Nuḫašše (Tette) et de Kinza (Etakama) se sont révoltés, une première fois contre Suppiluliuma, une seconde fois contre Mursili (CTH 62 ro 2-21). Enfin le traité entre Tuthaliya IV et Šaušgamuwa déclare que les ennemis de Suppiluliuma étaient, lors de la soumission d'Aziru, les "vassaux du roi de Hurri" (CTH 105 ro I 18).

La meilleure explication du fait que l'Amurru et Ugarit aient abandonné la "protection" relativement légère du pharaon pour passer dans le camp hittite est celle fournie par Suppiluliuma lui-même dans les textes que J. NOUGAYROL a rassemblés (dossier II A des archives internationales d'Ugarit), traduits et commentés[129]. La lettre RS 17. 132 contient une offre d'alliance du grand roi, qui est aux prises avec trois "rebelles" : Ituraddu, roi de Mukiš, Addunirari, roi

---

127 J. NOUGAYROL, dossier II C, *PRU* IV, 1956, 281-286.

128 *CTH* 49; H. KLENGEL, *GS* II, 1969, 272-275; 288-299; G. DEL MONTE, *Or. Ant. Collectio* XVIII, Rome 1986, Appendice II, 128-129.

129 J. NOUGAYROL, *PRU* IV, 32-52, en particulier 35-36 (RS 17. 132), 40-41 (17. 227), 44-45 (11. 772 +), 48-49 (17. 340)

de Nuḫašše et Aki-Tešup, roi de Nii (liste complète en RS 17. 340, 1-8). Ces derniers ont cherché à entraîner Niqmadu dans leur révolte mais le roi d'Ugarit a refusé et les alliés sont venus piller son territoire (RS 17. 227 et parallèles). Il a fait alors appel à l'aide du roi de Hatti qui l'a secouru et a conclu avec lui un traité de vassalité[130]. Cette présentation des faits est sans doute tendancieuse mais les lettres d'el Amarna et le dossier II C d'Ugarit offrent de nombreux exemples de guerres fratricides mettant aux prises des petits princes. Ceux-ci n'hésitaient pas à faire appel à des monarques plus puissants en cas de besoin. Les lettres EA 161 et 169 (d'Aziru et de son fils) prouvent qu'il existait un conflit latent entre l'Amurru et le Nuḫašše depuis qu'Aziru avait annexé Tunip. Les "dissentiments" entre l'Amurru et Ugarit ont été réglés par un accord formel (RS 19. 68) mais les conflits frontaliers entre Ugarit et Alalaḫ, entre l'Amurru et le Nuḫašše, et le sentiment de haine que les gens de Nii devaient éprouver envers Aziru qui avait pillé leur cité (cf. EA 59, 25-28) dessinaient les contours d'un front commun Mukiš (Alalaḫ) - Nuḫašše - Nii contre les ambitions d'Aziru (et de Niqmadu), d'autant plus que les "rebelles" du Nuḫašše et de Niya étaient encouragés par l'Égypte (cf. EA 53, 40-44; EA 51, passim et l'accusation d'Aziru contre Ḫatip, EA 161, 35-40).

Le Soleil hittite avait plus de moyens que le pharaon pour apaiser ces querelles et imposer des traités en bonne et due forme, réglant avec soin les obligations de chacun et fixant avec précision les frontières, ce que le pharaon, qui ignorait ce juridisme, dédaignait de faire[131]. Mais Suppiluliuma utilisait aussi les moyens de pression que lui fournissaient ses victoires. Dès le règne d'Ammištamru il avait chercher à attirer Ugarit dans son camp (EA 45, 22-29) et Aziru l'avait même accusé d'être "entré en Amurru", ce qui, à vrai dire était un prétexte pour différer son départ pour l'Égypte (EA 165, 28-41).

Les querelles entre les princes, les manoeuvres de séduction et les menaces alternées d'un roi de Hatti qui était à la fois un grand stratège, un habile diplomate et un propagandiste retors et enfin la faiblesse du gouvernement égyptien, – "malheur à la ville dont le prince est un enfant" –, sont à l'origine des succès de Suppiluliuma et des revers subis par le pays des pharaons au cours des règnes d'Akhenaton et de Tutankhamon. Puisque la Geste du grand roi ignore les affaires syriennes que révèle le dossier II A d'Ugarit, il faut supposer que les événements étaient narrés avant ceux que détaille la "7ème tablette" d'une "édition à petites colonnes"[132] relatant le célèbre épisode de l'appel de la reine "Daḫamunzu" à Suppiluliuma. Le texte commence par le récit de deux campagnes qui se déroulent en Anatolie. Les opérations menées en Syrie contre

---

130 ibid., dossier II A 2, 37-44 (RS 17. 227 et duplicats).

131 V. KOROŠEC, "Les Hittites et leurs vassaux syriens à la lumière des nouveaux textes d'Ugarit", *RHA* XVIII 66/67, 1960, 65-79.

132 H.G. GÜTERBOCK, *JCS* 10, 1956, 47-48; H. KLENGEL, *GS* II, 38-49; G. WILHELM, J. BOESE, *op.cit.*, *HML*, 1987, 91-95.

Ituraddu, Addunirari et Aki-Tešup sont plus anciennes et doivent donc se situer vers le milieu du règne de Tutankhamon (an V : 1333-1332; an VI : 1332-1331), ce que confirme la présence à el Amarna de la lettre d'Addunirari de Nuḫašše, EA 51[133]. Après avoir rappelé que son ancêtre Taku avait reçu l'onction de "Manaḫpiya, ton ancêtre", Addunirari se vantait d'avoir refusé de ratifier les clauses d'un traité d'alliance proposé par le "roi de Hatti" et réclamait la "sortie" des troupes et des chars égyptiens. Comme le "roi de Nuḫašše" envisage que le roi d'Egypte "ne désire pas sortir lui-même", on a peut-être là une allusion voilée à la jeunesse du pharaon. EA 51 doit dater de l'an III ou IV de Tutankhamon (1335-1334 av. J.C.). Suppiluliuma a profité de la passivité du pouvoir égyptien pour liquider la triple révolte au cours des mois suivants et placer en même temps Ugarit et l'Amurru sous sa suzeraineté. Il estimait respecter les possessions de l'Égypte puisqu'il agissait dans une zone mal définie où le roi de Mitanni avait naguère exercé certains droits, en Amurru en particulier (cf. EA 101).

Nous possédons les colophons de la "9ème" et de la "12ème" tablette des "Deeds of Suppiluliuma", ce qui pose le problème de la distribution à travers l'oeuvre des divers épisodes connus par ses fragments et par d'autres sources, traités, lettres d'Amarna et textes d'Ugarit[134].

G. WILHELM et J. BOESE ont prolongé le travail d'analyse, entrepris par H.G. GÜTERBOCK, qui a abouti à distinguer les diverses éditions de la Geste, à longues, moyennes ou petites colonnes ayant, selon les cas, de 60 à 80 lignes environ chacune, tout en tenant compte de la qualité de la graphie. La fameuse "7ème tablette" a des colonnes de 62 lignes et une très grande écriture[135]. Les deux auteurs de la plus récente étude ont cherché à reconstituer les diverses éditions ("la "7ème tablette" correspondrait à une "5ème tablette" à colonnes longues) et à classer les événements du règne à partir des résultats obtenus. Ce qui a pour effet de confondre les diverses interventions du grand roi en Syrie sous prétexte que dans les récits de guerre l'expression "šanutti-šu", "pour la seconde fois" aurait un sens simplement itératif. Le "raid" dont parlent CTH 51 et EA 75 ne se distinguerait pas de la "campagne d'un an" documentée par EA 51, EA 53 et les fragments 25-27 de la Geste, ce qui est impossible si l'on tient compte du nombre des lettres de Rib-Hadda parvenues entre-temps à el Amarna et de la durée de la contre-attaque de Tushratta attestée par CTH 53 et plusieurs tablettes amarniennes. Mais on peut accepter que, selon le "modèle" proposé, un espace limité (4 colonnes longues) ait séparé l'avènement personnel de Suppiluliuma et la guerre d'un an que toute notre documentation permet de

133 EAT II, 1102-1107; *LAPO* 13, 221-222; E.F. CAMPBELL, *Chronology*, 68-69.

134 E. LAROCHE, *CTH* 40, Suppl. *RHA* XXX, 1972, 95 (KBo XVIII 48, KBo XIX 50); G. WILHELM, J. BOESE, *HML*, 81, 93 (colophons des 9ème et 12ème tablettes).

135 H.G. GÜTERBOCK, "The Deeds of Suppiluliuma, Introduction", 47-48 et pp. 90-97; G. WILHELM, J. BOESE, *HML*, 81-95.

situer au début du règne, peu après l'avènement d'Akhenaton comme seul roi. Les échecs subis en Isuwa et en Syrie pendant quatre ou cinq ans, avant l'offensive victorieuse, devaient être "racontés", s'ils l'étaient, très rapidement. C'est pourquoi il faut se méfier de tout modèle mathématique dans l'interprétation des "Deeds". Les épisodes glorieux, en particulier les victoires de la fin du règne, dans lesquelles les fils du roi ont joué un grand rôle, devaient recevoir des longs développements. Dans la "7ème tablette" que nous possédons (fragment 28, JCS X, 1956, 90-98) le colophon de l'exemplaire A qui donne cet ordinal (ibid. 97) interrompt le récit des négociations menées avec l'envoyé égyptien alors que la conclusion de l'épisode est connue par l'exemplaire E3, terminé lui aussi par un colophon dont le chiffre est malencontreusement cassé. Au début du texte A, la campagne menée contre les Gasgas prend 40 lignes et une seconde opération, l'année suivante, 10 lignes alors que plus de 100 lignes sont nécessaires pour magnifier les succès de la première année de la guerre hourrite (prise de Karkémish où Suppiluliuma installe son fils) et souligner la bonne foi de Suppiluliuma dans l'affaire incroyable de l'appel de la reine, avec citation des lettres et des "discours" du roi et de l'ambassadeur égyptien[136]. Il est donc impossible de calculer la longueur du règne en attribuant à chacune de ses années un nombre moyen de lignes dans une "édition" choisie, ce que font nos auteurs[137]. Le petit fragment KBo XIX 50 qui appartenait à une "9ème tablette", comme l'indique son colophon était consacré à la campagne conduite par Piyassili, fils du roi, devenu le souverain de Karkémish, et son beau-frère Sattiwaza, pour reconquérir le Mitanni et réinstaller le prétendant mitannien sur le trône (cf. CTH 52 ro 37-68, très mutilé). Si le fragment KBo XIX 50 appartient au même ensemble que la "7ème tablette, ce qui est probable, il serait séparé de cette dernière par une "8ème tablette" contenant la fin des pourparlers avec la reine d'Égypte (parallèle à E3 IV 1-39), le départ et l'assassinat de Zannanza (cf. fragments 31-32, JCS X, 108-109), les débuts de la guerre contre l'Égypte (seconde année de la "guerre de six ans"); et la "9ème tablette" nous ferait connaître les événements des mois suivants : conquête du Mitanni malgré l'intervention du roi d'Assyrie (cf. fragment 35, ibid. 110-111) et invasion du territoire égyptien par le prince héritier Arnuwanda (fragment 36 p. 111). Il est intéressant de noter que le fragment KUB XIX 4 (fr. 31, ibid. 107-108), bien que très cassé, semble citer le roi de Barga et "l'homme d'A[murru ?]" parmi les princes ayant transmis à la cour de Hattusa la nouvelle de la mort de Zannanza, nouvel indice de leur soumission à Suppiluliuma au cours des années précédentes.

Il est probable que la "12ème tablette" dont il ne reste que le colophon appartenait à une édition à très petites colonnes mais on ne peut exclure que les

---

136 H.G. GÜTERBOCK, *JCS* 10, 1956, fr. 28, 94-98.
137 G. WILHELM, J. BOESE, *HML* § III, 79ss et *passim*.

dernières années du règne aient été particulièrement “détaillées” dans tous les exemplaires de l’oeuvre.

La démonstration de GÜTERBOCK à propos de BoTU 44 + 46 (fragments 34-37) a une grande importance. Dans la première colonne (début cassé, 55 lignes conservées, brève lacune in fine), Suppiluliuma fait une expédition de grande envergure à travers les pays des Gasgas qu’il traverse, en combattant, d’est en ouest, puis revient à l’est du Marassantiya. Or la seconde colonne du même texte est consacrée à la conquête du pays hourrite et mentionne les villes de Harran, Waššukanna et Taita ainsi que Kili-Tešup (nom hourrite de Sattiwaza), le “roi de Karkémish” et l’Assyrien (LÚ URU A-aš-šur, 1. 34’). La troisième colonne (fr. 36) dont il ne reste que quelques lignes faisait le récit de la guerre menée par Arnuwanda contre l’Égypte alors que la quatrième colonne terminée par un colophon (cassé) revenait sur les affaires du pays hatti, une grave sécheresse et une victoire du grand roi après le miracle d’un rain-maker (le roi lui-même ?) (fr. 37, JCS X, 113). Ainsi une tablette entière détaillait des événements (postérieurs à ceux de la “7ème tablette”) qui ne s’étalaient sans doute pas sur beaucoup plus d’un an mais qui intéressaient trois “fronts” très éloignés où les opérations étaient conduites par le roi, en Hatti et en pays gasga, par son fils Piyassili, nouveau roi de Karkémish, et son gendre, en pays hourrite et par l’héritier du trône, Arnuwanda en Syrie et en Canaan. Si BoTU 44 + 46 est une “9ème tablette” faisant le récit de la troisième année de guerre, on comprend que douze tablettes aient été nécessaires pour parachever la Geste et raconter la fin de la guerre (3 ans), la révolte du pays d’Išḫupitta et de tous les pays gasgas et la mort de Suppiluliuma. Mursili avait peut-être fait rédiger une conclusion consacrée au court règne de son frère Arnuwanda afin d’éviter toute solution de continuité entre les annales de son père et les siennes[138].

On ne peut donc accepter les conclusions de WILHELM et BOESE qui parlent de “deux ans au minimum” par tablette. Il faut dire : parfois un an, parfois plusieurs années.

KUB XIX 48 (fragments 39-40, ibid. 113-114) a été placé à la fin de l’oeuvre (12ème tablette à très courtes colonnes pour ces auteurs, p. 94) et la ligne cassée 17’ restaurée : “... ŠEŠ (?)-YA-aš-ši kat-ta-an”, “Et mon frère (?) fut avec lui” (fr. 38 II 17’) mais la colonne I a disparu et la II, où se situe ce passage semble faire allusion à la fuite de sujets du grand roi, à une attaque contre le Hatti et à la supériorité des chars hourrites. Le Mitanni est bien cité (l. 10’) mais comme lieu de refuge plutôt que comme un pays conquis. Les deux mentions de la ville mitannienne d’Irrita (1. 16’ et 19’) n’ont pas la signification qu’on leur prête s’il s’agit de “l’homme d’Irrita” (1. 19’) qui pouvait accompagner son suzerain n’importe où. Une lecture ABI AB]I-YA est donc

---

[138] cf. *CTH* 57-58 (Arnuwanda II) et AM, an I.

possible, ce qui daterait la défaite hittite éventuelle de la fin du règne de Tuthaliya III alors que Suppiluliuma est le corégent de son père, en l'an XXXII d'Aménophis III selon EA 17, où Tushratta parle d'une tentative d'invasion hittite (1. 30-35). En effet la colonne III de KUB XIX 48 fait mention du Hayasa, pays dont le roi Hukkanna a conclu avec Suppiluliuma un traité qui a des caractères archaïques évidents (CTH 42) et qui a été signé au début du règne[139].

Les lettres du Hatti conservées à el Amarna nous sont parvenues dans un piètre état, ce qui leur enlève une grande partie de leur intérêt (EA 41-44). Celle de Zida, le frère de Suppiluliuma, qui ne semble pas résider à Hattusa quand il écrit "au roi d'Égypte, mon père" (EA 44, 1-4) est intéressante par le fait qu'elle implique une situation de paix avec échanges d'ambassades et de cadeaux. L'insistance du prince hittite à se dire le "fils" du pharaon semble montrer que son correspondant est Aménophis III, ce qui daterait la lettre des débuts du règne du roi hittite, après les premiers succès de celui-ci[140].

EA 41, la seule tablette bien conservée est adressée par Suppiluliuma à "Ḫuriya, le roi d'Égypte, mon frère" dont on apprend qu'il vient de monter sur le trône (1. 16-22). Le nom solaire amputé peut être attribué à Akhenaton ou à Tutankhamon. Mais le parallélisme étonnant qui existe entre l'affaire des statues d'or promises par "le père" et attendues (en EA 41, 23-28) et celle des "statues en or massif" offertes par Aménophis III à Tushratta et remplacées par des bois plaqués or après l'avènement personnel d'Akhenaton (EA 26-29) incite à faire de ce dernier (Nfr-ḫprw-R') le Ḫuriya de EA 41. La lettre EA 42 appartient très vraisemblablement à Suppiluliuma et témoigne de relations dégradées mais les lignes 8-14 qui citent les pays hourrites, peut-être victimes des agressions du Hatti, évoquent les "grands-pères" des deux rois et sont trop mutilées pour permettre une conclusion. Akhenaton a toute chance d'être le destinataire de la lettre. Il est accusé d'une grave faute de protocole (1. 15-26), ce qui peut avoir été une réponse à la défaite de son beau-père Tushratta[141].

---

139 CTH 42, J. FRIEDRICH, SV II, 1930, 103-163; O. CARRUBA, "Die Hajasa-Verträge Hattis", *Doc. Asiae Min. ant., Fest. H. OTTEN*, 1988, 59-76.

140 EAT II, 1086-1097 (EA 41-44); LAPO 13, 210-215; E.F. CAMPBELL, *Chronology*, 38-39; 130-131 (EA 44); EAT II, 1095-1097 (EA 44).

141 EAT II, 1092-1093 et n. 1 p. 1092 (Huriya = Ὧρος de Manéthon); E.F. CAMPBELL, 38-39; W.L. MORAN, *LAPO* 13, 49 et 210-212 (EA 41); G. WILHELM, J. BOESE, *HML*, 1987, 96-97 (Huriya ≛ 'aneḫḫurri'a/Smenkhkarê); Ph. H.J. HOUWINK TEN CATE, "The adressee of EA 41", *BiOr* 20, 1963, 275-276 (Huriya = Tutankhamon); W.L. MORAN, *LAPO* 13, 212-213 (EA 42).

Il est difficile, pour ne pas dire impossible de faire de Smenkhkarê ('nḫ-ḫprw-R') l'énigmatique Ḫuriya. Il faudrait pour cela supposer que Smenkhkarê est le fils d'Akhenaton, ce qui est très douteux puisque l'analyse sérologique de la momie retrouvée dans la tombe 55 de la vallée des rois a montré qu'il était le frère de Tutankhamon, lequel se proclamait le fils d'Aménophis III[142]. Par ailleurs, il semble très probable que Smenkhkarê et Merit-Aton n'ont pas eu de règne indépendant (cf. EA 10, 11 et 155) et ont été les "corégents" d'Akhenaton[143].

La datation de l'affaire de la reine d'Égypte, Daḫamunzu, joue un rôle central dans l'argumentation de BOESE et WILHELM[144]. Le texte hittite ne lui donne pas son nom mais son titre[145]. Après la mort de son mari, elle s'est tournée vers Suppiluliuma parce qu'elle n'a pas de fils et qu'elle espère épouser un fils du roi hittite, se refusant à faire de l'un de ses serviteurs son mari (Deeds, fr. 28, A III 7-16). Une longue négociation s'engage alors qui dure pendant l'hiver. L'envoyé égyptien est Ḫani, sans doute celui qui avait en charge les affaires d'Amurru quelques années auparavant (cf. EA 161 et 162). Après avoir beaucoup hésité, Suppiluliuma envoie le prince Zannanza en Égypte mais celui-ci est assassiné avant d'avoir atteint la vallée du Nil, ce qui provoque la guerre que les incidents précédents en Amki n'avaient pas suffi à déclencher.

142 C. ALDRED, Akhenaton, 1969, 94-97; E.F. WENTE, *JNES* 28, 1969, 278-279; H.W. FAIRMAN, "Tutankhamun and the end of the 18th Dynasty", *Antiquity* 46, 1972, 15-18; R.G. HARRISON, A.B. ABDALLA, "The remains of Tutankhamumn", ibid., 8-14; R.C. CONNOLLY, R.G. HARRISON, S. AHMED, "Serological evidence for the parentage of Tutankhamun and Smenkhkare", *JEA* 62, 1976, 184-186; E.J. MELTZER, "The parentage of Tutankhamun and Smenkhare", *JEA* 64, 1978, 134-135; J. BENTLEY, "Amenophis III and Akhenaten", *JEA* 66, 1980, 164-165; G. PEREPELKIN, *The secret of the gold coffin*, Moscou 1978, *passim*, contra : G. ROBINS, "The value of the estimated ages of the royal mummies at death as historical evidence", *GM* 45, 1981, 75-81; C.N. REEVES, "Reappraisal of tomb 55 at Thebes", *JEA*, 1981, 48-55; id., "Tuthmosis IV as "great-grand-father" of Tut'ankhamūn", *GM* 56, 1982, 65-69; Y. KNUDSEN DE BEHRENSEN, "Pour une identification de la momie du tombeau 55 de la Vallée des Rois", *GM* 90, 1986, 51-60 (Kiya, "mère" de Tutankhamon) mais cf. W. HELCK, "Was geschah in KV 55 ? ", *GM* 60, 1982, 43-46 (Smenkhkarê).

143 W. FAIRMAN, *City of Akhenaten* III, 1951, 157-159; K. SEELE, "King Ay and the close of the Amarna age", *JNES* 14, 1955, 168-180; G. ROEDER, "Thronfolger und König Smench-ka-Re", *ZÄS* 83, 1958, 43-74; E.F. CAMPBELL, *Chronology*, 50-53 (quelques mois de règne indépendant); D.B. REDFORD, *History and Chronology*, 6. "*The coregency of Akhenaten and Smenkhkare*", 170-182 : après la mort d'Akhenaton, Smenkhkare et Meretaten auraient régné seuls quelques mois et seraient responsables du meurtre de Zannanza; leur "chute" serait due à une "enraged Nefertiti" qui désirait venger l'assassinat de son "fiancé", le prince hittite !; K.A. KITCHEN, *Suppiluliuma and the Amarna Pharaohs*, 8-9 (pas de règne indépendant); C. ALDRED, Akhenaton, 94-97 (id.); R. HARI, BIOR 37, 1980, COL. 319-321 (ID.); W.J. MURNANE, Ancient Egyptian Coregencies, *SAOC* 40, 1977, 169-179 (Akhenaton meurt au cours de la seconde année de Smenkhkare); G. WILHELM, J. BOESE, *HML*, 1987, 97ss (règne indépendant de Smenkhkare)

144 G. WILHELM, J. BOESE, ibid., 82, 86-88, 91-95 et § V, 96-105, *passim*.

145 W. FEDERN, "Daḫamunzu (KBo V 6 III 8)", *JCS* 14, 1960, 33.

On a depuis longtemps supposé, à tort, que le pharaon décédé, P/Niphururiya, était Akhenaton et sa veuve l'énergique Nefertiti brouillée avec son époux et retirée dans son palais au nord d'Akhetaton. Toute cette construction ne repose sur rien malgré les efforts renouvelés pour l'étayer d'arguments nouveaux[146]. On a, en particulier, cherché à montrer que Nefertiti avait régné en tant que pharaon sous le nom de Smenkhkarê[147].

Plus récemment, R. KRAUSS a préféré voir dans la reine de la Geste la fille d'Akhenaton, Merit-Aton, qu'il aurait épousée et qui lui aurait succédé pendant quelque temps avant de laisser le trône à son "second mari", Smenkhkarê, dont KRAUSS a fermement affirmé l'existence avec de bons arguments[148]. La liste manéthonienne des rois de la XVIIIe dynastie insère en effet une "Akhenkhérès, sa fille" entre Oros (Ḫuriya/ Akhenaton ?) et "Rathotis, son frère", auquel 9 ans de règne sont attribués et qui est certainement Tutankhamon[149]. Manéthon avait conservé de bonnes traditions mais noms et chiffres ont été souvent déformés par ses abréviateurs et doivent être regardés avec prudence. KRAUSS ne retient pas les "12 ans 1 mois" attribués à Akhenkhérès 1ère (deux autres pharaons de ce nom suivent Rathotis dans la liste).

W. HELCK, de son côté, soutient la candidature de Kiyâ "épouse bien aimée" d'Akhenaton, identifiée parfois à la princesse mitannienne Taduḫepa[150] qui, après une disgrâce, aurait pris le pouvoir à la mort du roi et fait appel à Suppiluliuma[151].

---

146 J.D.S. PENDLEBURY "Preliminary report of the excavations at Tell el-Amarna, 1931-1932", *JEA* 18, 1932, 143-149; E.F. CAMPBELL, *Chronology*, 56-58; R.B. REDFORD, *op. cit.* 1967, 173-174, 182, contra : E.F. WENTE, compte-rendu de REDFORD, History and Chronology, *JNES* 28, 1969, 273-280; C. ALDRED, *Akhenaton*, 261-262 (Nefertiti est morte après l'an XII); cf. D.B. REDFORD, *Akhenaten, the heretic King*, Princeton 1984, 188-191.

147 cf.les articles de J. SAMSON et J.R. HARRIS cités n. 111.

148 R. KRAUSS, "*Die Regierung Semenchkares und Tutankhaten in Amarna*" in *Die Ende der Amarnazeit*, 48-53; "Das Ringnamen Smenchkares", ibid. 84-95.

149 Manéthon in Flavius Josèphe, *Contra Apionem* § 93, variantes d'Africanus, d'Eusèbe, de Theophilus, du Syncelle et du livre de Sothis, cf. R. HARI, *Horemheb et la reine Moutnedjemet ou la fin d'une dynastie*, Genève 1964, 227-231, table p. 228 : Oros, 36 ans 5 mois / (sa) fille Akhenkhérès 12 ans 1mois / (son) frère Rhathotis 9 ans (= Tutankhamon) / Akhenkhérès (II) 12 ans 5 mois / Akhenkhérès (III) 12 ans 3 mois (tous deux "fils" du précédent).

150 D.B. REDFORD, *op. cit.*1984, 150, l'identifie à Giluḫepa !; L. MANNICHE, *GM* 18, 1975, 33-37 (Taduḫepa); cf. C.N. Reeves, "New light on Kiya from texts in the British Museum", *JEA* 74, 1988, 91-101 p. 100; R. HANKE, *Amarna-Reliefs aus Hermopolis*, Hildesheim 1978, 188ss (Kiya est un "Kosename" de Nefertiti !).

151 W. HELCK, "Probleme der Königsfolge in der Übergangszeit von 18. zu 19. Dynastie", *MDAIK* 37, 1981, 207-215; W. HELCK, "Kijê", *MDAIK* 40, 1984, 159-167; G. PEREPELKIN, *The secret of the gold coffin*, Moscou 1978, 85-107 et *passim*, fait de Kiya un corégent d'Akhenaton, avant Smenkhkarê.

Toutes ces hypothèses, comme la variante de WILHELM et BOESE qui placent l'épisode à la mort de Smenkhkarê, auquel ils accordent un règne indépendant et qui datent la première attaque du pays d'Amki (EA 170) de l'an I de Smenkhkarê et la seconde (CTH 378-379) de l'an III du même roi[152], se heurtent à des obstacles insurmontables.

En premier lieu le problème de la succession au trône d'Égypte. Tant que vivait Tutankhamon, il y avait un héritier légitime de la dynastie. L'âge n'avait jamais été un obstacle comme le montre avec éclat le cas de Tuthmosis III. Ceci est vrai que Tutankhamon ait été le fils d'Akhenaton ou celui d'Aménophis III[153].

En second lieu le nom de Niphururiya qui ne peut traduire que celui du jeune roi, Nb-ḫprw-Rʿ. R. KRAUSS est obligé pour nier cette évidence de lui refuser les lettres amarniennes dont il a été le destinataire[154]. BOESE et WILHELM, comme d'autres, préfèrent supposer que les scribes hittites n'avaient pas un souvenir précis de cette affaire et qu'ils ont confondu les noms solaires de Tutankhamon et de Smenkhkarê[155].

Peut-on croire que Mursili était plus ignorant que les érudits modernes des événements survenus quelques années avant son avènement et de leur protagonistes ?

Les scribes commettaient des erreurs, exemple la graphie défectueuse de Piphururiya (copie A du fragment 28 des Deeds, JCS X, 94), mais on n'a pas le droit de les accuser sans plus.

Enfin, contrairement à ce que peut laisser croire une lecture superficielle, les lettres d'el Amarna apportent la preuve que les événements dont elles sont l'écho ne se confondent pas avec ceux que nous font connaître la Geste, les textes d'Ugarit et d'autres sources, même si les lieux et parfois les protagonistes sont les mêmes.

On peut proposer un "modèle" plus traditionnel qui rende mieux compte des données dont nous nous disposons. Si, comme tout le laisse supposer, les

---

152 G. WILHELM, J. BOESE, *HML*, 1987, 96-101.

153 K.A. KITCHEN, *Suppiluliuma and the Amarna Pharaohs*, 11-12, 46-48; C. ALDRED, Akhenaton, 1969, 94-97; E.F. CAMPBELL, *Chronology*, 56-60; W.J. MURNANE, *OR* 52, 1983, 276.

154 R. KRAUSS, *Das Ende der Amarnazeit*, Exkurs 4. "Der zeitliche Abschluss des Amarna Archivs mit den Tod Niphururia-Achenatens", 71-78.

155 G. WILHELM, J. BOESE, *HML*, 1987, 100-103.

tablettes retrouvées à el Amarna sont uniquement celles qui y sont arrivées[156] à l'exclusion de tout transfert lors de l'installation et lors de la fermeture du "bureau des affaires étrangères" installé dans la capitale d'Akhenaton, il faut accepter la réalité de la corégence entre Aménophis III et son fils et refuser tout règne indépendant à Smenkhkarê et à Merit-Aton (la reine Akhenkhérès ?). Jusqu'à sa mort le "pharaon senior" restait le seul interlocuteur des souverains asiatiques. Aménophis III et la reine Tiyi ont séjourné à el Amarna et ils y sont représentés sur les monuments figurés. Quand ils étaient ailleurs des "copies" des lettres reçues, c'est-à-dire des traductions, leur étaient envoyées au palais de Malkata, à Thèbes, ce que dit l'inscription hiératique peinte sur la tablette EA 23[157].

Dans cette hypothèse, les lettres représentent la correspondance reçue par la cour d'Égypte, en provenance d'Asie, pendant environ quinze ans, de la 32ème année d'Aménophis III (1349/8) à la 3ème ou 4ème année de Tutankhamon (1335/4-1334/3).

Il en résulte le tableau suivant où les dates sont simplement indicatives :

DATES AV. J-C.

1380 (mai)	:	avènement d'Aménophis III.
1354 (nov.)	:	avènement d'Akhenaton (corégent en l'an XXVII d'Aménophis III.
1353	:	crise à Hattusa, meurtre de Tuthaliya le jeune, avènement de Suppiluliuma, corégence de Suppiluliuma et de son père Tuthaliya III (reine Daduḫepa).
1353-1348	:	guerres menées par les deux rois en Asie mineure (CTH 40, fr. 1-14).
1349 (fév.)	:	"fondation" d'Akhetaton (el Amarna), stèle-frontière n° 1 datée "an V, 4ème mois de prt (hiver), 13ème jour" (20 fév. 1349).
1349-1348	:	installation des bureaux, arrivée des premières lettres (EA 17, 60, 68-70, 254, 295).
1348	:	mort de Tuthaliya; Suppiluliuma attaque l'Isuwa et le Mitanni, il est repoussé par Tushratta (EA 17); Abdi-Ashirta d'Amurru entreprend son offensive contre Byblos (EA 72-74 et 89).
1347	:	alliance Suppiluliuma-Artatama (CTH 51) et "raid de pillage" hittite en Syrie; Šarrupši vassal de Suppiluliuma en Nuḫašše (CTH 53, EA 75);

156 C. ALDRED, Akhenaton, "*Les lettres d'el Amarna*", 196-208.
157 EAT I, 180-181; C. KÜHNE, *AOAT* 17, 1973, 37 n. 178 et 44-45 n. 209; E.F. CAMPBELL, *Chronology*, n. 28 p. 20.

	Abdi-Ashirta occupe Sumur et assiège Byblos (EA 62, 76-82 et 71).
1346-1345	: contre-offensive de Tushratta (EA 85-86 et EA 58); mort de Šarrupši (CTH 51).
1345-1344	: mariage d'Aménophis III et de Taduḫepa, fille de Tushratta (EA 20-23); Tushratta en Amurru (EA 95).
1344	: Abdi-Ashirta capturé et conduit en Égypte (EA 101 et 108, 117 etc., rétrosp.); Niqmepa en Amurru, non reconnu par l'Égypte (dossier II C, RS); Aziru et ses frères à Damas (EA 107).
1344-1343	: "les fils d'Abdi-Ashirta" reprennent leurs attaques contre Sumur et Gubla (EA 102-105, 110-111).
1343-1341	: siège de Sumur par les Amorrites (EA 98, EA 106, 108-109, 112-117).
1343 (août)	: mort d'Aménophis III, Akhenaton seul roi (EA 108, 116; EA 26-28; EA 7-8 de Babylone; EA 41, de Suppiluliuma); an XI/XII d'Akhenaton (nov. 1344/3-1343/2).
1342-1341	: "campagne d'un an" de Suppiluliuma en Mitanni et en Syrie, conquête d'Alalaḫ, de Qadesh et pillage de Qatna (CTH 51 ro 17-47; CTH 40, fr. 26-27; EA 53, 55, 59 ...).
1341	: chute de Sumur (EA 116-117 et lettres suivantes, rétrosp.; EA 149; EA 59); Etakama, vassal des Hittites à Qadesh, (EA 53-56, 151, 174-176, 189-190, 197); Biryawaza, prince d'Ube, (EA 7, 52-53, 129, 151, 189, 194-197); Aziru, roi d'Amurru, négocie avec l'Égypte (EA 171 et EA 156-160).
1341-1338	: déclin de Rib-Hadda abandonné par le pharaon (EA 118-135 et 362).
1340-1338	: corégence de Smenkhkarê, Merit-Aton "grande épouse royale" (Akhenkhérès ?).
1338	: mort de Rib-Hadda réfugié à Beyrouth et tué à Sidon (EA 136-138 et 162, du roi); expédition égyptienne sur la côte de Syrie (EA 141-145, 153, 155); ultimatum du roi à Aziru (EA 162) qui a pris Tunip (EA 161); guerre entre l'Amurru et le Nuḫašše (ibid.); contacts entre Aziru et les Hittites (ibid.)
1338-1337	: intervention de Suppiluliuma en Nuḫašše; Aziru retarde son départ (EA 164-167) Ankhesenpaaton remplace Merit-Aton (EA 11, de Burnaburiaš, le roi Kassite).

1337 (juil.)	:	mort d'Akhenaton, avènement de Tutankhaton (Tutankhamon) (EA 9, de Burnaburiaš).
1337-1335	:	Aziru en Égypte (EA 169-170), guerre en Nuḫašše (EA 169); conflit entre Baaluya, régent de l'Amurru et Niqmadu d'Ugarit (dossier II C, RS); appel d'Addunirari de Nuḫašše au pharaon (EA 51); Ili-Rapiḥ à Byblos (EA 139-140).
1335-1334	:	offensive hittite en Nuḫašše (Zitana) et première invasion du territoire égyptien en Amki par Lupakki (EA 140, 170, 173-177, 363).
1334	:	la cour quitte el Amarna, fermeture des bureaux; Tutankhamon à Memphis; soumission d'Addunirari (?) à Suppiluliuma.
1334-1332	:	retour d'Aziru qui négocie avec Niqmadu d'Ugarit (II C, RS) et devient le vassal de Suppiluliuma (CTH 49); révolte d'Addunirari de Nuḫašše, d'Ituraddu de Mukiš et d'Aki-Tešup de Nii (RS 17. 132, 17. 140, dossier II A) qui attaquent Ugarit: Niqmadu, vassal des Hittites, (ibid.); Tette de Nuḫašše signe un traité de vassalité (CTH 53, cf. CTH 63a).
1330-1329	:	campagnes de Suppiluliuma en pays gasga (CTH 40, fr. 28 A I 1-50); Sattiwaza se réfugie en Hatti, épouse la fille de Suppiluliuma (?).
1328	:	début de la guerre de six ans contre les Hourrites, prise de Karkémish (CTH 40); attaque égyptienne en Kinza (Qadesh) (ibid. II 21-23); contre-offensive hittite en Amki (Lupakki et Tarḫunda-zalma) (ibid. III 1-6).
1328 (sept)	:	mort de Tutankhamon; la reine Ankhesenamon envoie une ambassade à Suppiluliuma en vue d'épouser l'un de ses fils qui sera roi d'Égypte (Aye corégent ?).
1328-1327	:	échange d'ambassades (Ḫattusaziti et Ḫani) et acceptation de Suppiluliuma qui évoque le traité de Kuruštama (ibid. E3 IV 1-39); Piyassili, roi de Karkémish, sous le nom de Šarri-Kušuh.
1327	:	meurtre de Zannanza par les Égyptiens; guerre entre le Hatti et l'Égypte; lettre de Suppiluliuma à Aye (KUB XIX 20).
1326-1325	:	offensive d'Arnuwanda (CTH 40, fr. 31 et 36); le roi en pays gasga (CTH 40, fr. 34).
1326-1324	:	reconquête du Mitanni par Piyassili et Šattiwaza qui monte sur le trône de son père Tushratta malgré l'intervention des Assyriens (CTH 51 et 52, CTH 40, fr. 35).
1324 (oct.)	:	mort d'Aye, Horemheb pharaon; révolte et soumission d'Etakama et de Tette (RS 17. 334).
1323	:	dernière année de la guerre hourrite.

1323-1322 : révolte d'Isḫupitta et de tout le pays gasga (CTH 40, fr. 43; AM 18, 24; CTH 83 A).

1322 : mort de Suppiluliuma, victime de l'épidémie de peste; Arnuwanda II, roi de Hatti.

1321 : mort d'Arnuwanda, avènement de Mursili II, révolte des pays vassaux.

1319-1318 : conquête de l'Arzawa.

1315-1313 : seconde révolte de Tette de Nuḫašše et d'Etakama de Qadesh soutenus par l'Égypte; Etakama assassiné par son fils Niqmadu (AM 80ss; CTH 62 I ro 121);
Tette passe en territoire égyptien (CTH 209. 1).

Une telle reconstruction évite d'accumuler une longue suite d'événements en un trop petit nombre d'années. Elle donne à Suppiluliuma un règne de 31 ans, ce qui ne semble pas excessif si l'on considère l'importance de ses réalisations dans le domaine militaire et diplomatique : redressement de la situation en Asie mineure, conclusion d'accords avec l'Arzawa et le Hayasa, consolidation de la frontière nord face aux Gasgas, victoire décisive contre Tushratta et le Mitanni, soumission de plusieurs principautés de Syrie du nord (Alalaḫ, Qadesh) puis reconquête du pays de Hurri et installation des fils du grand roi à Karkémish et à Alep, et de son gendre Sattiwaza, le fils de Tushratta, en Mitanni, pacification de la Syrie et signature de traités de vassalité avec Ugarit, l'Amurru et le Nuḫašše, guerre contre l'Égypte ...

Deux tablettes de la Geste (CTH 40) étaient consacrées à la période de corégence qui a suivi le meurtre de Tuthaliya le jeune et la proclamation de Suppiluliuma. Quatorze des fragments conservés laissent au "grand-père" (de Mursili) la prééminence et ne cèlent pas le rôle qu'il a joué dans les campagnes menées sur tous les fronts, bien qu'il soit vieux et malade. Suppiluliuma attend ses ordres mais sollicite la faveur de conduire les troupes contre l'ennemi. La mort du grand-père était certainement mentionnée dans la brève lacune qui suit le fragment 14, alors que Suppiluliuma venait d'obtenir le commandement de l'armée envoyée contre "l'ennemi d'Arzawa" qui avait envahi le Bas-Pays[158]. Dans l'édition "à grandes colonnes" (80 lignes environ pour la colonne III de cette tablette), l'avènement personnel de Suppiluliuma intervenait au début de la colonne IV (11 lignes perdues environ) dont le colophon est suffisamment bien conservé pour écarter toute ambiguïté : "Seconde tablette, (texte) pas terminé, des "exploits" de Suppiluliuma". Dans un autre exemplaire (BoTU 35, E), le colophon de la "troisième tablette" terminait le récit de la guerre menée par le "grand-père" et le "père" contre le Hayasa (fr. 13, JCS X, 65-66). Il semble

---

[158] H.G. GÜTERBOCK, Introduction, *JCS* 10, 43; fr. 14, ibid., 67-68.

difficile dans ces conditions de donner moins de cinq ans à cette période de collaboration entre les deux rois associés, le père, Tuthaliya III, et le fils, Suppiluliuma. Ceci est encore plus vrai si on retarde la mort du grand-père jusqu'au début de la "troisième tablette à longues colonnes"[159]. EA 17 peut dater de la période de la corégence en Hatti. La lettre qui évoque sûrement la première attaque de Suppiluliuma contre l'Isuwa et le Mitanni date de l'an XXXII d'Aménophis III ou, au plus tard de l'année suivante (1349/8 av. J.C). Le roi de Hatti est donc bien monté sur le trône avant l'an XXX du pharaon et est devenu le seul souverain de son empire en 1348 ou 1347 avant notre ère. La lettre EA 75 qui situe le raid syrien vers l'an XXXIV du roi d'Égypte est une borne indéplaçable dont la position relative dans le premier lot des lettres de Rib-Ḫadda n'est pas "ungewiss". Elle prouve que vers 1347 av. J.C., Suppiluliuma est le seul maître des pays hittites et peut lancer des raids profondément vers le sud. Aménophis III est mort après 37 ans et trois mois de règne, vers août 1343, cinq ans environ après l'avènement personnel du roi de Hatti, dix ans après le coup d'état qui lui avait permis d'accéder au trône en tant que corégent de son père. Si, comme le pensent WILHELM et BOESE, Akhenaton n'est monté sur le trône qu'à la mort de son père, les conclusions précédentes ne s'en trouvent pas modifiées; il faut seulement allonger le règne de Suppiluliuma de onze ans (plus éventuellement des années de règne indépendant attribuées à Akhenkhérès et Smenkhkarê). Après la "guerre d'un an", en 1342-1341 (ans XII/XIII d'Akhenaton), les Hittites (Suppiluliuma ou son frère Zita et leurs généraux) sont intervenus à maintes reprises en Syrie, comme le prouvent les lettres amarniennes d'origines et de dates différentes, et en particulier en Nuḫašše où la rébellion semble avoir été endémique, où même un prince était appelé très officiellement le "ḫabiru" (Tette). Rien ne permet de ramener à une seule les opérations nécessaires pour pacifier une région qui ne sera définitivement soumise qu'en l'an IX de Mursili II (1313 av. J.C.).

Akhenaton engagé dans une profonde réforme religieuse a consacré ses forces à réaliser cet objectif et à la construction de sa nouvelle capitale. D'où sa moindre générosité envers les souverains étrangers (EA 26-29; EA 41) et ses efforts pour éviter que les conflits locaux n'entraînent des conséquences "internationales", d'où sa "patience" envers Aziru et la modestie de l'aide fournie aux princes de Syrie qu'il semble pourtant avoir encouragés à résister au roi de Hatti (EA 51-57; EA 59; EA 161; EA 189-190; EA 196).

Il n'a pas porté secours à son "beau-père et allié" Tushratta et a gardé des relations "correctes" avec la cour de Hattusa (EA 41-42) et avec le représentant du roi de Hatti en Syrie, son frère Zida (EA 44, à Aménophis III ou à Akhenaton) tout en restant vigilant à l'égard du "conquérant du nord" (cf. le "rapport d'espionnage" du prince de Tyr, EA 151). Il n'a pas cependant

---

[159] G. WILHELM, J. BOESE, HML, 1987, 82-84.

abandonné les prétentions de l'Égypte en Amurru et à Qadesh et a lancé sur les côtes de Canaan et d'Amurru une expédition terrestre et maritime, peut-être simple tournée d'inspection, à la fin de son règne. Il n'a pas sauvé Rib-Hadda mais a obligé Aziru à venir lui rendre hommage en Égypte. C'est vraisemblablement après sa mort que les troupes hittites de Lupakki ont violé les frontières égyptiennes en Amki en dépit d'engagements solennels pris autrefois lors de la signature du "traité de Kuruštama".

La seconde affaire d'Amki s'est produite cinq ou six ans environ après la première, au début de la guerre de six ans, et a précédé de quelques semaines la mort de Tutankhamon et l'appel de la reine d'Égypte. Suppiluliuma qui a donc régné une trentaine d'années, sans compression possible, a été le contemporain de six ou sept pharaons : d'Aménophis III (pendant 10 ans; 5 ans comme seul roi), d'Akhenaton (pendant 6 ans, ou 17 ans si on rejette une longue corégence des deux rois), de Smenkhkarê (ce qui est sans conséquence chronologique s'il n'a pas régné seul, sinon pendant 2 ou 3 ans) de Tutankhamon (pendant 9 ans), d'Aye (pendant 4 ans) et d'Horemheb (pendant 2 ans), auxquels il faudrait ajouter Akhenkhérès selon certains.

Ce fait indiscutable renforce la vraisemblance des corégences supposées, non sans raison, entre Aménophis III et Akhenaton et entre Akhenaton et Smenkhkarê, corégences que les lettres amarniennes rendent pratiquement certaines si on tient compte des dates peintes par les scribes lors de la réception de quelques tablettes (an XXXVI sur EA 23; an XII sur EA 27), et de l'absence de Smenkhkarê dans le corpus des lettres amarniennes alors que Tutankhamon y est présent.

Le grand règne de Suppiluliuma reste donc un long règne qui coïncide de façon parfaite avec celui des "rois hérétiques" que les Ramessides ont, par la suite, voulu rayer des listes et condamner à une damnatio memoriae en attribuant leurs trente années de règne au pharaon Horemheb (stèle de Mès). Il vaut mieux éviter de suivre leur exemple en enlevant à Suppiluliuma le laps de temps nécessaire à la fondation et à la consolidation d'un empire[160].

---

160 R. HARI, *Horemheb et la reine Moutnedjemet*, Genève 1964, "An 59 – Inscription de Mes", 405-409; T.R. BRYCE accepte une partie des conclusions de WILHELM et BOESE sur la durée du règne de Suppiluliuma dans son récent article, "Some Observations on the Chronology of Suppiluliuma's Reign", *AS* 39, 1989, 19-30 et propose les dates ca 1344-1322; voir aussi du même auteur, "The Death of Niphururiya and its aftermath", *JEA* 76, 1990, 97-105 qui développe les arguments en faveur de l'équation Niphururiya = Tutankhamon et insiste sur le fait que la guerre contre l'Egypte n'a pas éclaté immédiatement après l'assassinat de Zannanza mais a été précédée par un échange de lettres entre le roi hittite et le pharaon Aye. Le message de Suppiluliuma, KUB XIX 20, édité par E. FORRER (Forschungen II, Berlin 1929, 28-30) a été longuement étudié par W. MURNANE in The Road of Kadesh, *SAOC* 42, Chicago 1985, 26-33 et réédité par A. HAGENBUCHNER in Die Korrespondenz der Hethiter II, *TdH* 16, Heidelberg 1989, n° 208, 304-309.

ABREVIATIONS

AA	:	Archäologischer Anzeiger, Berlin
AFLSH	:	Annales de la Faculté des Lettres et Sciences humaines, Nice
AfO	:	Archiv für Orientforschung, Berlin/Graz
ANET	:	Ancient Near Eastern Texts relating to the Old Testament, 3ème édit., Princeton 1969. Antiquity, Gloucester
AOAT	:	Alter Orient und Altes Testament, Neukirchen-Vluyn
AoF	:	Altorientalische Forschungen, Berlin
Acta Or.	:	Acta Orientalia, Copenhague
AS	:	Anatolian Studies, Londres
AT	:	Alalaḫ Tablets
BASOR	:	Bulletin of the American Schools of Oriental Research, New Haven
BBVO	:	Berliner Beiträge zum Vorderen Orient, Berlin
Berytus	:	Copenhague
BiOr	:	Bibliotheca Orientalis, Leiden
BoSt	:	Boghazköi Studien, Leipzig 1915-1924
CAH I-II	:	Cambridge Ancient History, 3ème édit. 1970-1975
CdE	:	Chronique d'Égypte, Bruxelles
CoA	:	The City of Akhenaten III, Londres 1951
CTH	:	E. LAROCHE, Catalogue des Textes Hittites, Paris 1971
CTH, sup	:	supplément, E. LAROCHE, RHA XXX, 1972
		Documentum Asiae Minoris Antiquae, Festschrift. H. OTTEN, Wiesbaden 1988
EA	:	tablettes d'el Amarna
EAT	:	J.A. KNUDTZON, O. WEBER, E. EBELING, Die El-Amarna Tafeln, I/II, Leip. 1915
GM	:	Göttinger Miszellen, Göttingen
GS	:	H. KLENGEL, Geschichte Syriens im 2. Jahrt. v.u.Z., 3 vol., Berlin 1965-1970
HÄB	:	Hildesheimer Ägyptologische Beiträge, Hildesheim
HML	:	High, Middle or Low ?, Acts of International Colloquium on Absolute Chronology, P. Åström édit., Göteborg 1987
IEJ	:	Israël Exploration Journal, Jérusalem
JARCE	:	Journal of American Research Center in Egypt, Boston/Princeton
JCS	:	Journal of Cuneiform Studies, New Haven
JEA	:	Journal of Egyptian Archaeology, Londres
JEOL	:	Jaarbericht Ex Oriente Lux, Leiden
JNES	:	Journal of Near Eastern Studies, Chicago
KBo	:	Keilschrifttexte aus Boghazköi, Berlin
KlF	:	Kleinasiatische Forschungen, Bd. I, Weimar, 1930
Klio	:	Leipzig, Berlin

KUB : Keilschrifturkunden aus Boghazköi, Berlin
LAMA : Documents du Centre de Recherches Comparatives sur les Langues de la Méditerranée Ancienne, Faculté des Lettres, Nice
LAPO : Littératures Anciennes du Proche-Orient, Paris
MDAIK : Mitteilungen des Deutschen Archäologischen Instituts in Kairo
MIO : Mitteilungen des Instituts für Orientforschung, Berlin
OA : Oriens Antiquus, Rome
OLZ : Orientalistische Literaturzeitung, Leipzig
OR : Orientalia, Rome
Orientis Antiqui Collectio, Rome
PDK : E. WEIDNER, Politische Dokumente aus Kleinasien, Leipzig 1923
PRU : Palais Royal d'Ugarit, Paris
RA : Revue d'Assyriologie et d'Archéologie orientale, Paris
RAI : Rencontres Assyriologiques Internationales
RHA : Revue Hittite et Asianique, Paris
RS : tablettes de Ras Shamra-Ugarit
RSO : Rivista degli Studi Orientali, Rome
Saarbrücker Beiträge zur Altertumskunde, Bonn
SAOC : Studies in Ancient Oriental Civilization, Chicago
SAK : Studien zur Altägyptischen Kultur, Hambourg
SDB : Supplément au Dictionnaire de la Bible, Paris
SV : J. FRIEDRICH, Staatsverträge des Hatti-Reiches I/II, Leipzig, 1926-1930
Syria, Institut français d'Archéologie de Beyrouth, Paris
TdH : Texte der Hethiter, Heidelberg
UF : Ugarit-Forschungen, Neukirchen-Vluyn
Ugaritica, Paris
VBoT : A. GÖTZE, Verstreute Boghazköi-Texte, Marburg 1930
Vicino Oriente, Rome
WZKM : Wiener Zeitschrift für die Kunde des Morgenlandes, Vienne
YOS : Yale Oriental Studies, Yale
ZA : Zeitschrift für Assyriologie, Berlin
ZÄS : Zeitschrift für ägyptische Sprache und Altertumskunde, Leipzig-Berlin
ZDPV : Zeitschrift des deutschen Palästina-Vereins, Stuttgart

1, Hauts de Monte-Carlo
F-06320 La Turbie
France

BCILL 59 : *Hethitica XI*, 103-115

LE FRAGMENT KUB VII 60 = *CTH* 423

René LEBRUN

Institut Catholique de Paris
Katholieke Universiteit Leuven*

BIBLIOGRAPHIE :

J. FRIEDRICH, *Heth. Elem.*II (1946), 42-43.

E. LAROCHE, *Prière hittite, Annuaire EPHE*, 5ème section, 1964, 3sqq.

V. HAAS & G. WILHELM, *Hurritische und luwische Riten aus Kizzuwatna*, Neukirchen-Vluyn, 1974, 18, 173, 175-176.

L'intérêt du texte KUB VII 60 n'a échappé à aucun hittitologue; plusieurs fois, dans divers commentaires, il y est fait allusion. Ce texte constitue le résidu substantiel du seul rituel d'évocation détaillé concernant les dieux d'une ville ennemie. Bien qu'ayant déjà été étudié partiellement par quelques hittitologues célèbres, une étude d'ensemble de la tablette est la bienvenue d'autant plus que les parties conservées du texte revêtent un intérêt tout particulier pour notre connaissance de la pensée religieuse de l'Anatolie ancienne sur un point essentiel lié à la fois à la religion et à la politique du Hatti.

Il ne reste pratiquement rien des colonnes I et IV; seuls subsistent quelques signes émergeant de la fin de certaines lignes que nous détaillons ici :

---

* Je tiens à remercier vivement le Professeur Erich NEU qui a relu mon manuscrit et communiqué d'utiles observations d'ordre philologique.

col. I : l. 8 :] x-aḫ-ḫi

l.21 : -z] i

l. 3, 6, 22, 23 : traces de signes

col. IV : l. 7' :] uk-tu-u-ri “à jamais”

l. 8' :] x DÙ-zi "il/elle fait"

l. 10' :] x-i

l. 11' :] x DINGIR^{meš} “les dieux”

l. 12' :] -ik-x

l. 13' :] x

l. 15' :] -x-an-zi

II

1 3 ^{gi}A.DA.GUR tạr[-na-i?

2 *IŠ-TU* ^{uzu}YÀ.UDU ga-x[ou GA-x[

3 iš-ḫi-ya-an *A-NA* ^{giš}BA[NŠUR

4 1 DUG GEŠTIN da-a-i GÙB-la-az x[

5 ^{túg}ku-re-eš-šar$^{ḫi.a}$ *A-NA* ^{giš}BANŠUR

6 pí-ra-an kat-ta ga-an-ga-i nu 9 KASKAL^{meš}

7 *ŠA* YÀ.DÙG.GA 9 KASKAL^{meš} *ŠA* LÀL

8 9 KASKAL^{meš} *ŠA* BA.BA.Z[A i-ya-]zi nam-ma 1 TÚG BABBAR

9 1 TÚG SA_5 1 TÚG ZA.GÌN[da-a-]ị na-aš *A-NA* DINGIR^{meš} ^{lú}KÚR KASKAL^{meš}

10 kat-ta-an iš-pár-ri-ya-aẓ-zi

11 nu ^{dug}pa-aḫ-ḫu-na-lị-ya-za pa-aḫ-ḫu-wa-ar da-a-i

12 nu ša-ne-ez-zi ki-na-an-ta ḫa-aš-ši-i

13 pí-iš-<ši->ya-az-zi nu ša-me-ši-iz-zi

14 [n]u ^{munus}ŠU.GI udu!i-ya-an-da-aš ^{síg}ḫu[-ut-tu-ul]-ḷi

15 TI$_8$ $^{\text{mu[šen}}$-aš]pár-ta-u-wa-ar ga-la-ak-t[ar]

16 [DINGI]R^{meš} [-n]a-aš pár-ḫu-u-e-na-aš ZAG-na-aš[wa-al-la-an]

17 [ZAG-n]a-az ŠU-az ḫar-zi ^{giš}iš-x[

18 *ỊŠ-TU* LÚ GAL-*UT-TI* ku-iš u-i-ya-an-za

19 na-at a-pa-a-aš ḫar-zi nu DINGIR^{meš} UR[U^{lim}]

20 tal-li-ya-zi na-aš-ta an-da

21 ki-iš-ša-an me-mi-iš-ki-iz-zi

---

22 ka-a-ša-wa šu-ma-a-aš *A-NA* DINGIR^{meš}

23 URU^{lim} ^{lú}KÚR DUG.KA.GAG.A gul-ša-an [ ]

24 te-eḫ-ḫu-un ^{giš}BANŠUR$^{\text{ḫi.a}}$ -ya-aš-ma-aš [ ]

25 GÙB-la-zi-ya u-nu-an-da te-eḫ-ḫu-u[n]

26 KASKAL^{meš} -ya-wa-aš-ma-aš *IŠ-TU* TÚG BABBAR TÚG SA$_5$

27 TÚG ZA.GÌN kat-ta-an iš-pár-ra-aḫ-ḫu-un

28 nu-uš-ma-aš ke-e TÚG$^{\text{ḫi.a}}$ KASKAL^{meš} a-ša-a[n-du]

29 nu-kán ke-e-da-aš še-er ar-ḫa i-ya-an-ni-ya-tén

30 nu-kán *A-NA* LUGAL aš-šu-li an-da ne-ya-at-tén

31 šu-me-el-ma *A-NA* KUR^{ti} a-wa-an ar-ḫa

32 nam-ma ti-ya-at-tén nu ma-aḫ-ḫa-an ^{munus}ŠU.GI

33 ke-e *A-WA-TE*^{meš} me-mi-ya-u-an-zi

34 zi-in-na-i nu-kán 1 UDU [D]INGIR^{meš} LÚ^{meš}

35 *ŠA* URU^{lim} ^{lú}KÚR ši-ip-pa-an-ti 1 UDU-ma-kán

36 *A-NA* DINGIR^{meš} MUNUS^{meš} *ŠA* URU^{lim} ^{lú}KÚR ši-ip-pa-
an-ti

37 [nu ^{u}]^{zu}NÍG.GIG$^{\text{ḫi.a}}$ ŠÀ nu (ratures) IZI-it

38 [za-nu-a]n-ẓi n[a-a]t-kán [*A-N*]*A* ^{giš}BAṆŠUR DINGIR^{lim}

Reste de la colonne perdu

III

x+1 [n]a$^{?}$-an x-[

2’ [e$^{?}$-e]š-tén

3’ [ ]x x x[ ](-)an-da aš-šu-li

4’ [ ]-te-eš ne-ya-an-te-eš e-eš-tén

5’ [nu ma-aḫ-ḫ]a-an DINGIR^{meš} URU^{lim} ^{lú}KÚR KASKAL-az

6’ tal-li-ya-u-wa-an-zi zi-in-na-i

7’ nu-za LUGAL-uš LUGAL-u-e-ez-na-aš i-wa-ar

8’ wa-aš-ši-ya-zi na-aš pa-iz-zi nu-kán URU^{lim} ^{lú}KÚR

9’ na-aš-šu ta-pí-ša-ni-it GEŠTIN

10’ na-aš-ma ^{dug}iš-pa-an-du-wa-az *IŠ-TU* GEŠTIN

11’ ši-ip-pa-an-ti kiš-an me-ma-i ka-a-aš-wa-mu

12’ URU-aš kap-pí-la-al-liš e-eš-ta

13’ nu-w[a] ^{d}U *BE-LÍ-YA* da-ri-ya-nu-nu-un nu-mu ^{d}U EN-*Y*[*A*]

14’ ZI-a[š] ị-ya-du nu-wa-mu-kán ZI-aš ar-nu-ud-[du]

15’ nu-w[a-r]a-an-mu pa-ra-a pé-eš-ta

16’ nu[-wa-r]a-an dan-na-ta-aḫ-ḫu-un

17’ nu[-wa-]ra-an šu-up-pí-ya-aḫ-ḫu-un nu-wa [ku-it-ma-an$^{?}$]
18’ n[e-p]í-iš te-kán ku-it-<ma>-an-wa DUMU *A-MI-LU-*[*UT-TI*-ya$^{?}$]
19’ nu-w[a-r]a-an-za-an zi-la-du-wa DUMU *A-MI-LU-U*[*T-TI*]
20’ [l]e-e ku-iš-ki e-ša-ri ku-u-un-w[a]
21’ [UR]U^{lim} ^{lú}KÚR *QA-DU* A.ŠÀ A.GÀR KISLAḪ ^{giš}KI[RI$_6$.GEŠTIN$^{?}$]
22’ [x-x-]x-da-na-az-zi-ya *A-NA* ^{d}U EN *-YA* pí-iḫ-ḫu-un
23’ [nu-wa-r]a-an-za-an ^{d}U EN-*YA* GUD$^{ḫi.a}$-*KA*
24’ [ ]^{gụd}Še-e-ri ^{gud}Ḫur-ri ú-e-še-in [da-an-du]
25’ nu-wa-ra-an-kán ^{gud}Še-e-ri-iš ^{gud}Ḫur-ri-i[š-š]a
26’ uk-tu-u-ri ú-e-še-eš-kán-du
27’ ku-iš-ma-wa-ra-an-za e-ša-ri-ma
28’ nu-wa-kán *A-NA* GUD$^{ḫi.a}$ *ŠA* ^{d}U *A-NA* ^{gud}Še-e-[ri]
29’ *Ù A-NA* ^{gud}Ḫur-ri ú-e-ši-in
30’ ar-ḫa da-a-i nu-wa-ra-aš *A-NA* ^{d}U EN-*YA*
31’ ḫa-an-ni-tal-wa-na-aš e-eš-du
32’ nu-wa-za ma-a-an u-ni URU^{lim} ^{lú}KÚR DUMU *A-MI-LU-TI*
33’ ku-iš e-ša-ri nu-wa-ra-at ma-a-an
34’ [1] É^{tum} na-aš-ma 2 É^{tum} na-aš-ma-wa-ra-an-za-an
35’ Ẹ́RIN$^{meš.ḫi.a}$ ANŠE.KUR.RA^{meš} ku-iš-ki ẹ[-ša-ri]
36’ nu-wa-kán *BE-LÍ-YA* e-ni 1 É[^{tum}]$^{?}$
37’ ṇa-ạš-m[a 2] Ẹ́^{tum} na-aš-ma ÉRIN^{meš} [ANŠE.KUR.RA^{meš}]
38’ [ḫar-ni-ik-du] ma-a-an-wa-za UN [(-)

TRADUCTION

II

1 [elle] lai[sse] trois chalumeaux [
2 avec de la graisse de mouton [

3 lié (=lat. *ligatum*). Sur la ta[ble

4 elle place une cruche de vin. A gauche [

5-10 des rubans pendent jusqu'à terre devant la table. Elle [fabri]que neuf chemins parfumés, neuf chemins de miel, neuf chemins de puré[e.] Ensuite, elle [pren]d un tissu blanc, un tissu rouge, un tissu bleu et elle les déroule sur les chemins pour les dieux ennemis.

11 Elle prend alors du feu hors du braséro.

12-13 Elle jette sur le foyer un assemblage d'"aromates" et il y a des fumigations (d'encens).

14-18 [A]lors, la "Vieille" tient de la main [droi]te de la laine de mouton, une aile d'aigle, le *galak*[*tar*,] du *parḫuena* des dieux, [le jarret] de droite. Celui qui a été envoyé par le "chef" [avec un]^{giš}*i*[-],

19-21 (celui-là) le tient. Elle évoque les dieux [de] la ville ennemie et dès lors parle ainsi :

22-25 "Voici. Pour vous les dieux de la ville ennemie, j'ai placé un vase décoré?. J'[ai] mis à votre gauche des tables dressées.

26-28 Pour vous j'ai tracé à même le sol des chemins à l'aide d'un ruban blanc, rouge (et) bleu. Que les rubans que voici soient pour vous des chemins.

29 Dès lors, marchez sur ceux-ci !

30 Tournez-vous avec bonté vers le roi.

31-32 Quittez désormais votre pays". Lorsque la "Vieille"

33-36 achève de prononcer ces paroles, elle sacrifie un mouton aux dieux de la ville ennemie et elle sacrifie un mouton aux déesses de la ville ennemie.

37-38 On [cuit] les foies, le coeur et [on l]es [pose s]ur la table du dieu ...

III

3'-4' "............ soyez tournés avec bonté .... vers ....".

5'-6' [Quan]d, grâce aux chemins/ à partir des chemins, elle achève d'évoquer les dieux de la ville ennemie,

7'-12' le roi revêt sa tenue royale et s'en va. Il effectue une libation à la ville ennemie soit avec une coupe de vin, soit avec un vase à libations de vin. Il parle comme suit : "La ville que voici m'était hostile.

13'-14' Dieu de l'orage, mo[n] maître, je t'ai harcelé (en disant) : 'Que le dieu de l'orage, mon maître, exauce mon souhait, [qu'il] comble mes voeux !';

15' il me l'a livrée

16' et je l'ai dévastée.

17' Alors, je l'ai consacrée et

18'-20' aussi longtemps qu'il (y aura) l'univers et un être hu[main,]qu'aucun hom[me] ne s'y installe à l'avenir ! Cette

21'-22' [vil]le ennemie que voici [je (l') ai donnée] au dieu de l'orage, [mon] maître, avec les champs, les jardins, l'aire à battre, les vigno[bles] et ....

23'-24' [Aussi,] ô dieu de l'orage, mon maître, que les taureaux Šeri et Ḫurri la prennent comme pâturage.

25'-26' Que Šeri [e]t Ḫurri y pâturent partout à jamais.

27' Par contre, celui qui s'y installera,

28'-31' enlèvera l'herbe/ le pâturage ? aux taureaux du dieu de l'orage Šeri et Ḫurri. Qu'il soit donc "maître du procès" du dieu de l'orage, mon maître.

32'-35' Si donc (il se trouve) un homme qui s'installe en cette ville ennemie, s'il s'agit [d'une] maison ou de deux maisons, ou si quelqu'un y étab[lit] des [trou]pes et des chars de combat,

36'-38' [que] mon maître [anéantisse] cette première propriété ou les deux propriétés ou les troupes [et chars de combat.] Si un homme [

COMMENTAIRE

II 1.6 *gangai* : 3ème p.s. Ind. prés. V.A. de *ganga-* "suspendre" < *k̂enk-, cf. J.H. JASANOFF, *H.u.I.*, 1979, 85, 87. Le thème *ganga-* est typique du hittite récent, voir N. OETTINGER, *Stammbildung*, 420.

Comme à la 1.7, remarquons la symbolique du chiffre 9 (neuf chemins), cf. O.R. GURNEY, The Symbolism of 9 in Babylonian and Hittite Literature, *Journal of the Department of English*, University of Calcutta XIV, 1978-1979, 27-31. O.R. GURNEY y souligne que, dans les rituels, le chiffre 9 est souvent utilisé en liaison avec le monde infernal; il existe néanmoins des exceptions comme le texte KUB VII 60. A la p. 29, l'auteur écrit justement : "KUB VII 60, which is similar to XV 31 in making use of 9 paths, is a ritual for attracting the gods of an enemy city, for whom there is no reason to suspect an Underworld connexion".

1.11 Noter la graphie longue *paḫḫuwar* à la place de l'habituel *paḫḫur*, cf. N. OETTINGER, *Stammbildung*, 550 (§ 487) et rem. 17.

1.12 *sanezzi kinanta* : séquence rencontrée aussi en VBoT 58 IV 23, 33; KUB XXXIII 67 I 22 : *nu-uš-ša-an ša-ne-ez-zi k[i-na-an-ta.* Plusieurs fois *sanezzi* se rencontre non accompagné de *kinanta*, par exemple dans un passage de VBoT 58 IV 36-37 fort semblable à celui qui nous occupe (dupl. KUB LIII 20 Vo$^{?}$11') :

36 *ne-ku-uz me-ḫur-ma* ^{dug}*pa-aḫ-ḫu-i!-na-li-az*[1] *pa-aḫ-ḫur PA-NI* DINGIR^{lim} *da-a*[*-i*

37 *ša-ne-ez-zi ša-me-še-ez-zi*

36 "et au soir [elle] place devant la divinité du feu venant du braséro,

37 il y a des fumigations d'aromates".

cf. aussi VBoT 58 IV 40-41 :

40 *ma-a-an lu-uk-kat-ta BE-EL* DINGIR^{lim} *PA-NI* DINGIR^{lim} *pa-iz-zi ša-ne-ez-zi*

41 *ša-ma-še-ez-zi*

"Lorsque au petit matin le seigneur du dieu se rend devant le dieu, il y a des fumigations d'aromates."
kinanta doit s'interpréter comme l'acc. n. pl. du participe de *kinae-* "arranger, assembler, assortir, trier". On se reportera utilement à A. GOETZE, *JCS* 10, 1956, 36; H. KRONASSER, *EHS* 1, 562-563; E. NEU, *StBoT* 5, 150; N. OETTINGER, *Stammbildung*, 162; H. OTTEN, *TR*, 59 rem. 3. *sanezzi* est un acc. n. pl. de *sanezzi-* "*optimus, supremus*", employé ici substantivement avec un sens technique; *sanezzi* doit correspondre au sumérien ŠIM$^{ḫi.a}$, cf. KUB IX 15 III 15 sq, 93/r Vo 5.

1.13 *samesizzi* : 3ème p. s. Ind. prés. V.A. de *samesiya* (vb. intransitif) "fumer, brûler comme de l'encens", cf. J. FRIEDRICH, *HWb*, *Erg.* 3, 27 (Otten brieflich) et E. NEU, *StBoT* 5, 149 sq. L'itératif-intensif de ce verbe est à reconnaître dans le thème *samisiske-* attesté notamment à la 3ème p. pl. de l'Ind. prét. V.A. en KBo XVI 59 Vo 10, 11. Le factitif du verbe est *samenu-* ou *samesanu-*.

---

[1] Faute probable du scribe pour ^{dug}*pa-aḫ-ḫu-un-na-li-az*

1.20 *talliyazi* : “elle évoque”. Pour la terminologie de la prière et de l’évocation en particulier, se reporter toujours à E. LAROCHE, *Prière hittite, Annuaire de l’Ecole pratique des Hautes Etudes*, 5ème section, 1964, 3 sqq.

1.23 DUG.KA.GAG.A : cf. Ch. RÜSTER et E. NEU, *Hethitisches Zeichenlexikon*, 168 n° 162.
gulsan : pour le thème *guls-*, cf. N. OETTINGER, *Stammbildung*, 202 sqq.; mentionnant ce passage, J. FRIEDRICH, *HWb*, 275, propose la traduction “de première classe, remarquable”, se basant probablement sur une expansion sémantique du participe “marqué, frappé”, cf. français “produit de marque”. Ne pourrait-on cependant traduire *gulsan* par “décoré”, sens conforme à divers modèles de vases en notre possession ?

1.35 *ši-ip-pa-an-ti*, cf. aussi 1.36 et III 11’ : pour la séquence de *sipant-* suivi immédiatement de *zanu-* “cuire”, cf. A. GOETZE, *JCS* 23 (1970), 91, principalement le n° 174 où GOETZE se réfère à notre passage. Remarquons encore la graphie peu fréquente *ši-ip-pa-an-ti* à la place de l’habituel *ši-pa-an-ti*; cette graphie est plutôt caractéristique de la période récente.

III 1.11’ *kiš-an* : il convient de comparer cette graphie récente avec la graphie plus usuelle *ki-iš-ša-an* de II 21.

1.13’ ^{d}U : cf. aussi 1.22’, 23’, 28’ : la mention des taureaux Šeri et Ḫurri impose d’y reconnaître Tešub.

1.14’ ZI-*a*[*š*] *iyadu nu-wa-mu-kán* ZI-*aš arnud*[*du*] : ZI-aš semble, dans les deux cas, devoir être considéré comme une extension du génitif partitif. Plus particulièrement, pour l’expression ZI-*aš arnu*, cf. J. FRIEDRICH et A. KAMMENHUBER, *HW*^{2} I, 1975-1984, 333.

1.32’ *uni* : le terme ne peut être dissocié de *eni* rencontré à la 1.36’. Nous sommes en présence d’un bon exemple de l’alternance radicale e/o : *uni* est l’acc. s. du genre animé < *u-n* (acc.) plus le *i* déictique tandis que *eni* constitue l’acc. neutre s. < *e-n* (neutre) + *i*, cf. E. LAROCHE, *Anaphore et deixis en anatolien, H.u.I.*, 147-152.

PALEOGRAPHIE

Du point de vue paléographique, quelques observations utiles et pertinentes peuvent être formulées :

- En II 14, le signe LI, déterminant pour la datation d'un manuscrit, présente la forme récente, ce qui pourrait être déjà un argument suffisant pour dater la tablette du 13ème s. av. J.C., cf. *HZL* 343/B et p. 18 § 4.2. Remarquons que les autres signes LI présentent la forme "ancienne" = *HZL* 343/A encore utilisée au 13ème s.

- Le signe ḪA (*HZL* 367/A) ne présente jamais la forme très tardive.

- Les signes AK (II 15) et IK (IV 12) présentent une forme typique de l'époque de Tudhaliya IV et en tous cas récente, cf. F. STARKE, *Orientalia* 50, 1981, 469.

- La forme du signe MEŠ est conforme à celle utilisée régulièrement sous l'Empire et ne présente donc pas la forme (*HZL* 360/B) souvent utilisée sous Hattusili III - Puduhépa.

GRAPHIES ET CARACTERISTIQUES LINGUISTIQUES

Des graphies telles que *-tén* au lieu de *-te-en* (II 29-30), *kiš-an* en III 11' (bien que nous ayons aussi la graphie classique *ki-iš-ša-an* en II 21), *ši-ip-pa-an-ti* (II 35, 36) au lieu de *ši-pa-an-ti* ou encore *-liš* au lieu de l'habituel *-li-iš* (III 12') constituent de sérieux indices en faveur d'une datation récente de la tablette.[2]

Du point de vue de la langue, on relèvera facilement des traits typiques du hittite "récent", par exemple :

- le thème verbal *ganga-*,
- la forme verbale *pesta* "*dedit*" au lieu du classique *pais* (III 15').

Ainsi, la forme des signes, les graphies, la langue de KUB VII 60 tout comme, en toile de fond, la présence de Tešub entouré de ses taureaux Šeri et

---

[2] La graphie *ši-ip-pa-an-ti* est typique de documents "récents" tels que KBo IV 13 IV 26; X 37 IV 9; KUB XVII 28 II 53-54; XX 88 VI 5; XXV 15 Vo 2. Il arrive que dans un même texte "récent", le scribe fasse alterner les graphies *ši-ip-pa-an-ti* et BAL-*an-ti*, autre graphie récente, cf. KUB XVII 28 II 53 *na-aš-ta* 1 UDU.NÍTA dUTU-*i* BAL-*an-ti* 54 *na-an ḫu-u-kán-zi nu* KAŠ *ši-ip-pa-an-ti nu ki-iš-ša-an me-em-ma-i* "53 et alors il sacrifie un bélier au Soleil; 54 on l'abat et il fait une libation de bière. Alors, il parle comme suit ...".

Ḫurri, font remonter non seulement le manuscrit mais aussi la rédaction même du texte au 13ème s. av. J.C. Il est néamoins impossible de déterminer si le texte constitue une *redactio prima* due à quelque scribe de la fin de l'Empire ou s'il s'agit d'un remaniement tardif d'un modèle plus ancien.

ANALYSE RELIGIEUSE DU TEXTE

Certains points fondamentaux du rituel sont heureusement bien conservés et rattachent cet exemplaire unique à ce jour de l'évocation de dieux étrangers (provenant d'une ville ennemie) vers le pays hittite à la tradition rituelle anatolienne.

- Le premier paragraphe de la deuxième colonne nous décrit la fin des préparatifs de tous les éléments nécessaires à la *captatio deorum*, phase qui précède directement la prière (II 1-21). Pour les lignes précédant II 14, il est difficile de voir si les préparatifs sont déjà effectués par la magicienne dénommée "la Vieille" (hitt. munus*ḫasawa*-). Quoi qu'il en soit, nous baignons dans des procédés typiques de la magie anatolienne. Relevons les trois groupes de "neuf" chemins recouverts de produits destinés à allécher les dieux (parfum, miel, purée). Trois tissus aux couleurs voyantes et symboliques sont déroulés sur ces mêmes chemins et sont donc destinés à attirer l'attention des dieux que l'on veut amener vers les tables bien garnies. Plusieurs de ces préparatifs se rattachent aux rites évocatoires rencontrés dans la célébration des mythes anatoliens liés au thème du dieu disparu. Ainsi, la magicienne prélève du feu pour brûler des aromates dont la senteur doit caresser les narines des dieux. D'autres éléments sont de ce point de vue aussi pertinents : l'aile d'aigle, le *galaktar* (boisson apaisante) et le *parḫuena*. Le *galaktar* suscite un bien-être physique tandis que le *parḫuena* régulièrement associé au *galaktar* fait bouger le dieu de sa torpeur et le rend prêt à l'*evocatio*. Référons-nous notamment à :

- KUB XXXIII 75 II 8 *ka-a-ša-at*[*-ta m*]*u-ki-iš-ni pár-ḫu-u̯-*[*e-na-aš*]
  9 *ki-it-ta--r*[*i* dMAḪ*-aš-š*]*a tal-l*[*i-ya-at-ta-ru*]

"Voici que [pour toi] le *parḫu*[*ena*] es[t] déposé en vue du [*m*]*ukessar* (rite de la mise en route du dieu) [e]t [que la déesse Ḫannaḫanna soit] évo[quée."] La lecture normale de dMAḪ est dḪannaḫanna, soit la déesse "Grand-Mère", pour laquelle on se référera à G. KELLERMAN, *Hethitica* VII, 1987, 109-147. A la l. 9, une restauration dMAḪ-*š*]*a* est aussi envisageable tout comme *tal-l*[*i-ya-an-za e-eš-du* pour *tal-l*[*i-ya-at-ta-ru;*] la restauration *tal-l*[*i-i-e-ed-du* proposée par E. LAROCHE, *RHA* 77, 1965, 145, me semble peu adéquate.

- KUB XXXIII 34 Ro 11 .... *p]ár-ḫu-e-na-aš ki-it-ta nu tal-li-ya-an-za e-e[š-du*

  "... le *p]arḫuena-* est déposé; alors, qu'[il] soi[t] évoqué."

- KUB XXXIII 21 III 17 *ga-la-ak-tar ki-it-ta nu-uš-ši [pa-ra-a ?]*

  18 *ga-la-an-ga-za e-eš pár-ḫu-e-n[a-aš ki-it-ta]*

  19 *na-aš-ši-pa an-da mu-ga-a-an-za ẹ[-eš-du]*

  "Le *galaktar* est déposé (pour toi). Alors, sois apaisé [devant] lui ; le *parḫuen[a-* est déposé (pour toi)]; alors, [qu'il] s[oit] mis en route pour/vers lui", cf. *CHD* 3/3, 320b.

- Nous constatons encore le même effet dans le rituel d'apaisement KUB XXXIII 69 (+) 100 4-5.

  Le prélèvement de feu dans le braséro se retrouve, d'autre part, dans le rituel lié à la disparition du Soleil = VBoT 58 IV 36 (dupl. KUB LIII 20 Vo? 11') : cf. Commentaire II l. 12. Cet acte est suivi des fumigations : IV 37 : *sanezzi samesezzi,* fait auquel notre texte fait référence en II 13. La laine de mouton mentionnée à la 1. 14 est manifestement un symbole de pureté.

- Le second paragraphe débute par une courte prière évocatoire récitée par la "Vieille"; les paroles précisent le sens des rites de l'évocation. Comme il se doit, la prière est ponctuée par le sacrifice d'un mouton aux dieux et d'un mouton aux déesses de la ville ennemie.

- Le début de la troisième colonne est malheureusement perdu mais il est probable qu'il contenait une courte prière de supplication aux dieux de la cité ennemie formulée par le roi qui préside la cérémonie.

- Lorsque tous les *ritus evocationis* sont terminés et que le roi se prépare à partir, ce dernier s'adresse au grand dieu de l'orage hourrite (Tešub). Le discours royal comporte deux phases :

  1. Les remerciements du roi au dieu de l'orage pour avoir exaucé son souhait, à savoir la prise de la ville;

  2. conformément à la mentalité hittite résumée dans l'adage latin *do ut des*, le roi consacre la ville ennemie (elle n'a donc plus de fonction profane) et l'offre en remerciement à Tešub et à ses taureaux serviteurs.

- Le texte se termine par la formule exécratoire habituelle à l'adresse de quiconque viendrait dans l'avenir réoccuper la ville. La sacralisation d'une cité vaincue par le roi hittite procédait peut-être d'un sentiment religieux réel mais, comme je l'ai déjà souligné (cf. R. LEBRUN, *Les Hittites et le sacré, Homo Religiosus* I, 1978, 175-176), cette pratique s'avérait aussi très efficace car elle mettait hors d'état de nuire pour une longue durée un secteur agité de l'Etat hittite.

Le fragment KUB VII 60 nous met ainsi en présence d'un rituel capital aux yeux du pouvoir hittite; le fait que les cérémonies soient présidées par le roi en constitue la preuve. Les rites décrits, le déroulement de la cérémonie relèvent bien de la mentalité anatolienne, toutefois marquée des influences hourrites comme il était normal au 13ème s. av. J.C. Il reste à formuler un souhait : trouver les fragments manquants (et d'éventuels duplicats) pour reconstituer l'entièreté de ce document.

ADDENDA

II l. 2 : Le contrôle de la photo de la tablette effectué par E. NEU montre un début de signe après GA; on peut songer à GA.K[IN.AG.

l. 16 : Pour la restauration de *wallan*, cf. KUB XXX 15 + XXXIX 19 Ro 23-24 :

23 ... ^{giš}IN-BI-ma-aš-ša-an DINGIR^{meš}-aš pár-ḫu-e-na-an ga-la-[ak]-tar

24 Z[A]G-aš wa-al-la-an ^{udu}i-ya-an-da-aš ^{síg}ḫu-ut-tu-li iš-tar-na pé-di ti-an-zi : "et on place au milieu des fruits, le *parḫuena* des dieux, le *gala*[*k*]*tar*, le jarret de d[roi]te, la laine de mouton".

La forme *parḫuenas* (gén.) de notre texte à la place de *parḫuenan* (acc.) attendu pourrait être un génitif partitif; ou s'agit-il d'une faute du scribe ?

Avenue des Hêtres rouges, 65
B - 1970 Wezembeek-Oppem

BCILL 59 : *Hethitica XI*, 117-127

A PROPOS DE LA SYNTAXE DES TERMES LYCIENS *ME* ET *MEI*[1]

M. MAZOYER

Paris

Si nous connaissons bien les faits concernant la conjonction *se*, il n'en va pas de même pour *me*, *mei*, dont la signification de certains emplois reste obscure, malgré les études suggestives[2] auxquelles ils ont donné lieu. Notre objectif est de contribuer à clarifier un domaine de la syntaxe qui reste encore très énigmatique.

ME

En face de la particule *se*, qui dans l'état actuel de nos connaissances des langues anatoliennes, nous semble une création propre au lycien assurant la coordination entre des mots ou entre des phrases, le lycien a conservé la particule anatolienne *ma*, sous la forme *me*. Celle-ci présente des différences importantes avec *-ma*, la particule hittite correspondante.

---

1 Je tiens à exprimer ma reconnaissance à Mme Hatice GONNET, qui m'a ouvert les chemins des langues et des cultures anatoliennes préclassiques lors de son enseignement à l'E.P.H.E., Ve section, ainsi qu'au Professeur Günter NEUMANN, qui a pris la peine de lire le manuscrit et de me communiquer ses remarques. Mes remerciements vont aussi à M. Jean BOUSQUET avec qui j'ai eu des échanges fructueux relatifs au lycien.

2 THOMSEN, V., *Etudes lyciennes* I, Oversigt over det Kgl. Danske Videnskabernes Selskabs Forfandl, Kopenhagen (1899), 15-16, (dans le texte THOMSEN); PEDERSEN, H., *Lykisch und Hittitisch*, Det Kgl. Danske Videnskabernes Selskab, Hist.-filolog. Medd., Bind XXX, 4, Copenhagen (1945), 66-67; HOUWINK TEN CATE, PH.H.J., *The Luwian Population Groups of Lycia and Cicilia Aspera during the Hellenistic period,* Leiden (1961), 72-77. (dans le texte HOUWINK TEN CATE); CARRUBA, O., Die satzeinleitenden partikeln in den indogermanischen Sprachen anatoliens, *Incunabula Graeca*, vol. 32, Rome (1969), 74-90; NEUMANN, G., Lykisch in *Altkleinasiatische Sprachen, Handbuch der Orientalistik*, Abtlg. I Bd. II, Leiden (1969), 393; LAROCHE, E., L'inscription lycienne in *Fouilles de Xanthos*, Tome VI, Paris (1979), 49-127, (dans le texte LAROCHE).

- La conjonction *-ma* en hittite est toujours enclitique; *me* en lycien n'est pas enclitique.

- *-ma* hittite assure la liaison entre les phrases (conformément au lycien) et les mots, ce qui s'oppose à l'usage du lycien.

- Les emplois de *me* ne coïncident qu'en partie avec ceux de *-ma*, la particule hittite. Nous pouvons mettre en évidence en lycien deux valeurs :

a. *me* relie deux phrases à travers une légère opposition[3], ce qui correspond à une des valeurs fondamentales du *-ma* hittite. Dans ce sens, *me* s'oppose à *se*, qui est purement additif. Ainsi, nous pouvons voir très aisément les divergences qui existent entre les phrases suivantes :

- TL 7[4] : *ebẽñnẽ χupã:me ne prñnawatẽ Triyẽ*[*tezi*]:*se ne piyet*[*ẽ*] *ladi:eh*[*b*]*i se tideime.*

"Cette tombe que voici, Triyẽtezi l'a construite et l'a donnée à sa femme et à ses enfants";

où nous observons la présence de deux propositions affirmatives comportant un sujet identique et deux verbes ayant un temps identique.

- TL 49 : *ebehi:isbazi:mi iye siyẽni:Padrñma:kumaza:me iye ne pemati tike:kbi hrppi ttãne*:

"Sur sa couche que voici, repose Padrñma, le prêtre, et il ne permet pas de placer quelqu'un au-dessus de lui";

mi = *me* par harmonisation vocalique de *me* devant *-iye*, datif de l'anaphorique employé en fonction de locatif.

La première phrase est positive, la seconde est négative.

- TL 89, 1 : *χupã:ebẽñnẽ : mẽ nadẽ:Hri[χm̃]ma nẽne:ehbiye:mei ñtepi tasñti:ẽnehi:hriχm̃ma*[*he*] *esedẽñnewẽ* :

"Cette tombe que voici Hrikhm̃ma l'a construite pour ses frères, et/mais (*me*) ici ils/on introduiront/a la descendance maternelle de Hrikhm̃ma;

[3] C'est la valeur fondamentale que LAROCHE attribue à la particule *me*. Il nous semble qu'il est difficile de réduire tous les emplois de *me* à cette valeur.

[4] TL - *Tituli Asiae Minoris*, Vol. I (Tituli Lyciae lingua Lycia conscripti), Vienne (1901).

opposition dans les temps, opposition dans les sujets, peut-être dans les destinataires.

- TL 91, 1 : *ebẽñnẽ pr[ñ]nawã me ne prñnawatẽ Xlppasi χssẽñziyah tid[eimi mei ñtepi tãti] Xlppasi se ladu e[h]bi.*

"Cette demeure que voici, Khlppasi, le fils de Khssẽñziya l'a construite et (*me*) ici on introduira Khlppasi et sa femme";

opposition dans les sujets, dans les temps et dans les destinataires, puisque Khlppasi, dans la première proposition, est seul mentionné, sans sa femme.

Se rattachent à cette première valeur les cas où *me* distingue plus qu'il n'oppose : il signifie "de son côté, d'autre part"; il correspond dans ce sens au δέ grec, et à certains emplois du *-ma* hittite.

Ainsi dans la trilingue du Létôon (N 320)[5] :

- ligne 25 : *... meiyesitẽniti:hlm̃mipiyata*

"d'un autre côté ce qui s'y ajoutera comme profit";

- lignes 32-33 : *........................... mete-pituwẽti:mara ebeiya :.....*

"d'autre part (*me*) ils fixèrent ce règlement".

Ainsi peuvent s'expliquer certaines phrases où *me* semble alterner avec *se*, mais où les particules , bien que très proches, ne présentent pas la phrase sous le même point de vue.[6]

Parfois le rôle de *me* consiste à interrompre brusquement le déroulement du texte, et à relancer celui-ci pour apporter une précision sur un mot jugé important, qui est soit repris par un pronom, soit répété.

---

5 NEUMANN, G., *Neufunde lykischer Inschriften seit 1901*, Vienne (1979).
6 Contrairement à HOUWINK TEN CATE, 74.

Le texte lycien de la trilingue offre deux exemples :

- lignes 12-15 : .... *se-*
  deliñtãtẽ:teteri:seyepewẽtlm̃ -
  mẽi:hrm̃mada:ttaraha:meχbaitẽ:z-
  ã:eseXesñtedi:qñtati:sePigrẽi:

"et les citoyens et les perièques ont mis de côté des champs de la ville, or (*me*) ils ont mis à sa disposition ceux que qu'Khesñtedi a travaillés avec Pigrès[7].

La phrase qui commence par *me*, précise le substantif *hrm̃mada*, qui est repris par *zã*;

- lignes 25-30 : .... *meiyesitêniti:hlm̃mipiyata*
  medetewê:kumezidi:nuredi:nure-
  di:arâ:kumehedi:seuhazata:uwad-
  i:Xñtawati:Xbidẽnni:seyEr ?? az-
  uma:mekumezidi:Seimiya:sede:Se-
  imiyaye:χuwatiti:......

"D'autre part, ce qui s'y ajoutera comme profit, (alors) on le sacrifiera tous les mois, comme un dû, avec une victime, et tous les ans avec un boeuf au Seigneur de Kaunos et à Arkazuma; et sacrifieront (*me*) Simias et celui qui succédera à Simias".

La phrase est interrompue, on précise les personnes qui seront chargées d'effectuer les sacrifices. A noter ici la répétition de *kumezidi* (1. 26, 1. 29).

Cet emploi de *me* se retrouve dans le hittite *-ma*. Quelques exemples cités dans le dictionnaire de Chicago[8] nous autorisent à faire ce rapprochement.

- *ANA* DINGIR*lim* peran GIŠ eyan a[rta] GIŠ eyaz/ma/kán UDU-aš kuršaš kank[anza] (*KUB* 33 66 ii 8-9)

  "Devant le dieu un chêne vert se t[ient], et à ce chêne vert (-ma) est suspendue l'égide".

---

7 La traduction de *χbai-* m'a été suggérée dans sa lettre par G. NEUMANN. LAROCHE établit une correspondance entre *χbaitẽ* et le hitt. louv. *habai-* "arroser, irriguer";
EICHNER, H., Etymologische Beiträge der Trilingue vom Letoon bei Xanthos, *Orientalia* 52, (1983), 62 propose (*χbaitẽ* ??) "sie nahmen".

8 *The Hittite Dictionnary of the Oriental Institute of Chicago*, Vol. I (1980), 91 et sqq.

- mānnaza ŠA ^{d}UTU^{ši} ḪUL-lu k[uwapi kišari] *ANA* ^{d}UTU^{ši} /ma ŠEŠ^{meš} meqqae[(š)] (*KUB* 26.1 i 17-18)

  "Si un jour le malheur s'abat sur Sa Majesté, car Sa Majesté a beaucoup de frères".

  C'est dans cet emploi que se manifeste le plus ostensiblement cette valeur de rupture évoquée plus haut. Mais nous pouvons nous demander si *me* dans ce sens n'est pas dans une situation médiane, car il attire aussi l'attention sur le mot qu'il veut préciser. De tels emplois ont sans doute favorisé la naissance de la valeur propre du *me* lycien, qui est la valeur intensive.

b. La deuxième valeur de *me* développée par le lycien est la valeur intensive. *Me* est alors utilisé comme une simple particule. Placée en troisième position dans la première phrase de la plupart des épitaphes, elle attire l'attention avec force sur le début de la phrase : "Voici, le voici". Nous trouvons ainsi mis en valeur soit un groupe de mots composé d'un complément d'objet ou d'un complément circonstanciel (jamais un sujet) accompagné soit d'un démonstratif soit d'un adverbe démonstratif.

   La présence de ce *me* est toujours associée, d'une part à un changement de l'ordre attendu des mots, avec rejet du sujet à la fin de la proposition[9], d'autre part à la reprise quasi constante du groupe de mots initial par l'anaphorique[10]. Ce dernier suit immédiatement *me* et se présente soit à l'accusatif (*me ne*/*mẽne*/*meñne*/*me n*/*adẽ* (TL 71, 1) *mẽ n*/*adẽ* (TL 52, 1)[11], soit au locatif *mei* (*me-i*). Tous ces traits (*me*, démonstratif, changement de l'ordre attendu, anaphorique) permettent de présenter d'une façon particulièrement emphatique le bâtiment funéraire ou l'emplacement évoqués.

   Il ne nous semble pas possible de rattacher cet emploi à la valeur oppositionnelle de *me*, en particulier en raison de sa place. Nous connaissons un emploi identique en grec pour la particule δέ, en particulier chez Homère.

---

9 Cf. THOMSEN, 23.

10 Ces procédés stylistiques ressemblent à ceux que connaît le louvite, cf. LAROCHE E., *Dictionnaire de la langue louvite*, Paris (1965), 145.

11 Pour une présentation du problème posé par ces formes, voir HOUWINK TEN CATE PH.H.J., Short notes on Lycian Grammar, *Revue hittite et asianique*, Paris (1976), 17-19.

On peut comparer par exemple :

TL 88, 1 : *eb̃ẽñnẽ prñnawã me ne prñnawatẽ Ddaqasa sttuleh:tideimi* :

"Cette demeure que voici (*me*), Ddaqasa, le fils de Sttuli l'(*ne*) a construite".

à

TL 63, 1 : [*E*]*rmaχut*[*a*]*w*[. *p*]*rñnawate*:[.]*ppeseh*:[*ñta*]*tã*

"Ermakhutawa (?), la fils de [.]ppesa/i, a construit la demeure".

Nous observons un autre effet stylistique : séparation d'Ermakhutawa et de l'apposition au sujet. L'attention est attirée sur le "constructeur", c'est-à-dire sur Ermakhutawa. Pour une tournure identique, cf. N 311.

Un autre emploi de *me* se rattachant à cette valeur consiste à introduire une proposition principale après une subordonnée relative, temporelle ou hypothétique[12]. Nous observons un emploi identique dans le *δή* grec et dans le hittite *nu*. En hittite cet emploi de *nu*, qui n'apparaît qu'en pleine période impériale, est issu de la valeur de la conjonction[13]. Le *me* lycien attire l'attention sur la principale après la réalisation de la subordonnée. Il nous semble impossible de voir dans cet emploi une illustration de la première valeur de *me*, qui consisterait à établir une opposition avec la protase. Le *me* lycien semble plutôt mettre en lumière le lien résultatif qui existe entre la principale et la subordonnée; il correspond au français "Voici, alors, assurément". Cet emploi semble obligatoire en lycien, il n'est qu'occasionnel en grec. Nous pouvons donc penser que ce *me* a perdu la valeur sémantique qu'il avait à l'origine, pour ne plus devenir que la marque du début de la principale.

La version lycienne de la trilingue du Létôon offre plusieurs exemples.

Après une proposition temporelle :

lignes 1-2 et 5-7 : *ẽke:Trm̃misñ:χssaθrapazate:Pig-*

12 THOMSEN avait vu que *me* pouvait introduire une principale, 19-20.

13 Cf. LAROCHE, 93.

esere : ....
.... *mehñtit-*
ubedẽ:arus:seyepewẽtlm̃mẽi:Arñ-
nãi: ....

"quand Pigéséré, fils de Katamla fut satrape de Trm̃misa (= Lycie), ... (alors) (*me*) les citoyens et les perièques d'Arñna décidèrent ..."

A quoi correspond le texte grec :

ᴐἘπεὶ Λυκίας ξαδράπης ἐγένετο Π–
ιξώδαρος..................................
.... ᴐ'Ἔδοξε δὴ Ξανθίοι-
ς καὶ τοῖς περιοίκοις....................

Après une proposition hypothétique :

lignes 36-38 : .... *χtta-*
demeyẽ:tike:mepddẽ mahãna:sm̃ma-
ti:ebette : ....

"Si quelqu'un le change, (alors) (*me*) il ordonne un châtiment envers ces dieux".

Après une proposition relative :

lignes 25-26 : .... *meiyesitẽniti:hlm̃mipiyata*
medetewẽ:kumezidi : ....

"et ce qui s'y ajoutera comme profit, (alors) (*me*) on le sacrifiera".

Ces emplois s'opposent à des constructions du genre de celles que nous lisons dans les premières lignes : *ẽke* ..... *se* "quand .... et que .... ", où la fonction de simple ligateur de *se* apparaît clairement.

MEI

La forme *mei* a souvent donné lieu à des erreurs d'interprétation. Pour rendre compte de ses valeurs, il faudrait analyser *mei* de deux façons différentes :

a. *me* + *i* = locatif du pronom anaphorique[14], souvent employé en fonction de datif.

Exemple en valeur de datif :

- version lycienne de la trilingue, lignes 20-22 :

............*sesm̃mati:χddazas:ep-*
ide:arawa:hãtikm̃mẽtis:meipibi-
ti:siχlas : ....

(Littéralement) "et il ordonne : tous les esclaves qui deviendront libres plus tard, alors (*-me*) ils lui (*-i*) donneront des sicles[15]."

On peut rapprocher de *i* associé à *se* dans les lignes 18-20 :

....................................*seip-*
ibiti:uhazata:ada:I ΥOO:ẽti:tlla-
χñta:Arñna : ....

"et à lui (*-i*) Arñna donnera chaque année x *adas* en paiement."

- *i* en valeur de locatif :

- TL 106, 1 : *ebehi χupa:mei ti siyẽni* :

"Dans sa tombe que voici y(*-i*) repose."

---

[14] Déjà chez THOMSEN, 49.

[15] Les lignes 20-22 de la trilingue ont donné lieu à de nombreuses interprétations, mais il semble avéré qu'après la proposition relative commandé par *km̃mẽtis* s'ouvre une principale qui commence par *me-*. Sur les interprétations possibles de ces lignes, cf. notamment CARRUBA, O., HEUBECK, A., NEUMANN, G., GUSMANI, R., Sull'interpretazione delle righe 20-21 della trilingue di Xanthos, *Incontri Linguistici*. 4, (1978), 89-98.

- TL 57, 6 : *hrzzi prñnawi:mei:ñtepi tãti I[dã M]aχzzã:se la[dã*

"d'autre part (*me*) dans la partie supérieure de la demeure on *y* (*-i*) introduira Ida Makhzza et sa femme."

C'est sans doute à partir de constructions de ce type que *-i* a pris une valeur adverbiale (cf. *ebei*, datif du démonstratif à valeur adverbiale).

- TL 87, 4 : *meipñ:pudẽ:ti ñte χahba:[eh]bi:Wazziye: kbatra*

"et ici encore plus tard (*me-i-pñ*) il a admis ceux qui sont à l'intérieur, son gendre et Wazziye, sa fille[16]."

- TL 88, 2 : *se ẽke lati Ddaqasa me ne ñtepi tãti ñtipa tezi se ladã ehbi*

"et quand Ddaqasa meurt, alors lui on l'introduira dans le sarcophage ainsi que sa femme."

Phrase parallèle à la suite du texte :

kbi tike mei nipe ñtepi tãtu tibei nipe hlm̃mi tuwetu hlm̃mi

"mais (*me*) quelqu'un d'autre, qu'on ne l'introduise pas ici (*-i*) ou bien que l'on ne place ici (*-i*) un *hlm̃mi*".

b. La deuxième valeur de *mei* correspond à notre conjonction *si* [17].

La trilingue (l. 36-38) a confirmé cette valeur :

.... *χtta-*
demeyẽ:tike:mepddẽ:mahãna:sm̃ma-

[16] La traduction de G. NEUMANN est la suivante : "und wen er hier nachträglich zugelassen hat, drin (sind) ...".
[17] Cf. LAROCHE, 93-95.

ti:ebette : ....

“Si quelqu’un le change, alors on ordonne un châtiment devant ces dieux”.

Grec (1. 32-34) :

.... ἄν δέ τις μετακινήση -
ι, ἁμαρτωλὸς <ἔ> στω τῶν θεῶν τούτω-
ν ....

où l’on voit l’équivalence du *ἄν* grec et du lycien *mei*.

Les caractères de *mei* sont maintenant clairement définis : *mei* est atone, il s’attache généralement à un mot en position finale. Il s’oppose à un *me* en tête de la principale. Il est l’équivalent du hittite *mān*, qui, lui, est tonique. On ne connaît qu’un seul exemple où *mei* est placé en tête :

TL 59, 2 : *meiyadi:tike tihe zum̃m[ẽ me ne tu]beiti:muhãi:huwedri*:

“Si quelqu’un cause un dommage, alors l’assemblée des dieux le punira”.

meiyadi = *mei* (*y*) *adi*

La question est maintenant de savoir le lien qu’entretiennent ces deux valeurs de *mei*. Comme nous le fait remarquer G. NEUMANN, l’homonymie peut n’être que secondaire. Le premier *mei*, qui est formé de la conjonction *me* et du pronom enclitique -*i*, présente la même forme que *mei* conjonction de subordination qui proviendrait du hittite *man*.
Mais il est possible de formuler une autre hypothèse : la conjonction de subordination se serait développée à l’intérieur même du lycien et serait issue des cas où *mei* garde sa valeur de conjonction de coordination ou de particule intensive. Dans l’exemple :

TL 57, 7 : *tike kbi:hrppiye mei:tadi:tike:me ne:tubeiti: mãhãi huwedri:se itlehi:trm̃mili:ebidalahaditi:ebei:ñte*

“si (*mei*) un homme place quelqu’un au-dessus d’eux, l’assemblée des dieux le punira”, on peut se demander si le sens premier n'est pas le suivant :

"or/assurément un homme (*y*) place quelqu'un au-dessus d'eux, alors l'assemblée des dieux le punira", c'est-à-dire un sens où *mei* garde sa valeur de conjonction ou de particule. Cette hypothèse est conforme à ce que nous apprennent le grec et le latin sur l'origine de *εἰ* et de *si* , qui n'étaient pas primitivement des mots subordonnants, mais de simples particules. Le lycien, dont nous connaissons la relative pauvreté en matière de conjonctions de subordination, nous fournirait un état transitoire des plus intéressants, où la valeur ancienne et la valeur nouvelle de *mei* coexisteraient.

1, place des Vernes
77500 Chelles
France

BCILL 59 : *Hethitica XI*, 129-136

HURRITISCH *EDI* UND *IŠTANI* IN DER HURRITISCH-HETHITISCHEN BILINGUE AUS ḪATTUŠA

Erich NEU

Bochum

1. In seinem 'Glossaire de la langue hourrite" (Paris 1980) gibt E. LAROCHE für hurr. *edi* / *idi* die Bedeutungen "corps, personne" (S. 73), für *ištani* die Bedeutungen "entre, parmi" (S. 127) an.

Mit Blick auf diese Angaben möchten wir im folgenden Belege von *edi* und *ištani* jeweils in ihren engeren Kontexten innerhalb der hurritisch-hethitischen Bilingue aus Ḫattuša[1] näher betrachten.

Hurr. *edi* / *idi* soll am Anfang dieser kleinen Untersuchung stehen.

2.1. Gleich zu Beginn der Tafel KBo XXXII 14, die lehrhafte Beispiele und Gleichnisse mit praktischer Nutzanwendung im alltäglichen Leben enthält, ist im Rahmen einer gleichnisartigen Erzählung die Rede von einem Berg, der einen Rehbock[2] von seinen Weiden vertreibt :

[1] Hurritisch : KBo XXXII 14 I 1f.

na-a-li i-te[*-e*]*-i̯-né-eš pa-pa-an-ni-iš*
me̥-la-aḫ-ḫu-um

Hethitisch : ibid. II 1f.

a-li-i̯ a-n[*a-an*]*za a-pé-el tu-e-eg-ga-a*[*z*?*-še-et*]

---

1 Vgl. E. NEU, ZDMG, Supplement VII, 1989, 293ff.; H. OTTEN - C. RÜSTER, KBo XXXII, 1990.

2 Zu hurr. *nāli* = heth. *alii̯an-* s. E. NEU, IBS 52, 1987, 177.

ḪUR.SAG-*aš a-u̯a-an ar-ḫa šu-ú-e-et*

"einen Rehbock vertrieb der Berg von seinem Körper"

Das hurr. Wort für "Berg" steht im Ergativ mit 'Artikel' : *pa-pa-an-ni-iš* < **papani=ni=š.* Der transitiv konstruierte Satz enthält das prädikative Partizip *me̯-la-aḫ-ḫu-um* "vertrieb", das man als **mel=aḫḫ=u=b* (mit Zeichen UM für Lautung *ub*) wird analysieren dürfen. Hurr. *nāli* als 'Patiens' steht im Absolutiv. Die Nominalform *i-te*[*-e*]*-i̯-né-eš* ist als Ablativ auf *-ne* von *idi* "Körper" (= heth. *tuekka-*) zu verstehen. Vor dem Kasusmorphem hat man noch mit dem Possessivsuffix der 3. Pers. Sg. zu rechnen, und das auslautende *-š* beruht auf Suffixübertragung seitens des Ergativs *pa-pa-an-ni-iš,* wodurch Ablativ und Ergativ in einem engeren syntaktischen Beziehungsverhältnis zueinander stehen. Mit *apel tuegga*[*zšet*] liegt, falls richtig ergänzt, ein schon althethitisches Syntagma mit doppelter Kennzeichnung des 'Besitzers', nämlich durch *apel* und das enklitische Pronomen *-šet*, vor. Auch die Partikel *-z*(*a*) unterstreicht das Besitzverhältnis zum Subjekt ("Berg") des Satzes. Der hurr. Ablativ *i-te*[*-e*]*-i̯-né* findet in heth. *tuegga*[*zšet*] seine lexikalische Entsprechung. Die keilschriftlichen Graphien für *edi* / *idi* schwanken innerhalb der Bilingue, aber auch schon auf der gleichen Tafel, wie Textbeispiel [2] zeigt, wo *i-ti* geschrieben ist. Auf einer anderen Tafel der Bilingue begegnet die Graphie *e-te*; s. Textbeispiel [3].

In unserem Textbeispiel [1] läßt sich hurr. *idi* bzw. heth. *tuekka-* konkret als "Körper" des Berges, auf dem der Rehbock bisher weidete, verstehen.

2.2. Ein Direktiv mit Possessivsuffix liegt in *i-ti-i-ta* des folgenden Satzes vor :

[2] Hurritisch : KBo XXXII 14 I 35f.

ta-ḫé-e-ni-u̯a$_a$-a-al
e-en-za-a-ri ma-a-ta-aš-tab i-ti-i-ta

Hethitisch : ibid. II 35f.

nu-za a-pé-e-da-ni LÚ-*ni* DINGIR^{meš} *še-e-er*
ḫa-at-ta-a-tar ši-iš-ḫi-ir

"dem Mann wiesen
die Götter Weisheit / Einsicht zu"

Das pluralische Subjekt "Götter, Gottheiten" wird durch *enzāri* (< **en=šāri*, Ableitung von *en=i* "Gott") in Verbindung mit dem enklitischen Personnalpronomen der 3. Pers. Plur. *-l* (aus *-lla*) ausgedrückt. Die hurr. Verbalform hat man morphologisch als *mad=ašt=a=b* zu analysieren mit der heth. Entsprechung *ḫattātar šišḫir* "Einsicht wiesen sie zu"[3]. Die Person, die seitens der Götter mit *mādi* (heth. *ḫattātar*) begabt wird, steht in beiden Fassungen im Dativ : hurr. *taḫe=ni=ṷa*$_a$ = heth. *apedani* LÚ-*ni* "jenem Mann". Das heth. Demonstrativpronomen *apedani* hat in der hurr. Vorlage keine Entsprechung, es sei denn, man wolle eine solche anaphorische Funktion dem 'Artikel' in *taḫe=ni=ṷa*$_a$ zuschreiben. Im heth. Text hat man *šer* mit dem Dativ *apedani* LÚ-*ni* in der Bedeutung "für jenen Menschen" zu verbinden. E. LAROCHE verzeichnet in seinem GLH 73 für den einem Dativ nachgestellten Direktiv *eti-da* die Bedeutungen "à l'égard de, au sujet de" und auch "à, pour". In diesem Sinne wird man vielleicht auch das in unserem Textbeispiel [2] am Satzende stehendes *i-ti-i-ta* aufzufassen haben, so daß heth. *šer* "für" den hurr. Direktiv, bei dem die konkrete Bedeutung "Körper" für *idi* völlig verblaßt ist, wiedergibt. Die Pleneschreibung *i-ti-i* könnte allerdings auch Hinweis dafür sein, daß in dem Direktiv *i-ti-i-ta* noch das Possessivsuffix der 3. Pers. Sg. enthalten ist (wörtlich : "zu seinem / in seinem Körper"). Der Direktiv würde dann eine Art Ausdrucksverstärkung für *taḫeniṷaa* darstellen. Die Gleichsetzung von heth. *šer* mit dem sinnentleerten, einer Postposition gleichkommenden Direktiv erscheint jedoch naheliegender.

2.3. Wieder anders gelagert ist der Gebrauch von *edi* im folgenden Beispiel :

[3] Hurritisch : KBo XXXII 19 I 23

ú-ni-ṷa$_a$*-at-ta e-te-šu-ú-ta ṷe*$_e$*-e-ša*

Hethitisch : ibid. II 23

šu-ma-a-aš tu-e[*-eg-ga-aš-m*]*a-aš ú-ṷa-mi*

"zu euch selbst werde ich kommen"

Im Hurritischen steht das Verbum (mit dem Pronomen *-tta* "ich") am Satzanfang, im Hethitischen am Satzende. Der Dativ *šumaš* "(zu) euch" gibt die hurr. Dativform *ṷe*$_e$*-e-ša* wieder (< **ṷešṷa*$_a$; Plural zu *ṷe-* "du"). Der Ausdruck *e-te-šu-ú-ta*, der uns hier besonders interessiert, besteht aus dem Substantiv *edi*

---

[3] Vgl. E. NEU, a.a.O. 180 f.

"Körper", dem Possessivsuffix *-šu-ú-* der 2. Pers. Plur. und der Direktivendung *-ta*[4]. Diesem Direktiv entspricht in der heth. Übersetzung der Ausdruck *tue[gga(š)=šm]aš* (wörtlich:) "zu euerem Körper". Eine solche konkrete Bedeutung will hier aber nicht so recht passen, und gerade vom Hethitischen her wäre dies eine etwas ungewöhnliche Ausdrucksweise. Daher ist es vom Kontext naheliegender, *edi* im Sinne von akkad. *ramānu* als "selbst" zu deuten, in Verbindung mit dem Possessivsuffix also "euch selbst" bzw. im Direktiv "zu euch selbst". Der heth. Übersetzer hat die hurr. Vorlage wörtlich wiedergegeben, indem er "zu euerem Körper" übersetzte. Wie A. KAMMENHUBER (ZA 56, 1964, 191) festgestellt hat, habe *tuekka-* "bei den Hethitern niemals die Bedeutung 'Person' oder 'selbst' erhalten". Wenn daher der hurr. Ausdruck *ete=šū=ta* "zu euch selbst" bedeutet, muß man heth. *tueggaš=šmaš* gleicher Bedeutung als Lehnübersetzung ansprechen. Dies ist einer der wenigen Fälle, wo die sonst recht souverän gestaltete heth. Übersetzung von der hurr. Vorlage typologisch beeinflußt ist (s. auch unten Kapitel 3 und 4).

3.1. Wenden wir uns nun dem Gebrauch von hurr. *ištani* zu. Der in der Bilingue mehrfach auftretende hurr. Satz

[4a] *pa-a-ru iš-ta-ni(-i)-ta*

wird in der heth. Übersetzung durch

[4b] *nu-uš-ši-kán* (bzw. *nu-uš-ši-eš-ta*) ŠÀ-*ŠU an-da*
iš-tar-ak-ki-at KBo XXXII 14 II 10, 51

"darüber zog ihm Kränkung in sein Inneres"

oder auf der gleichen Tafel durch

[4c] *nu-uš-ši-kán* ŠÀ-*ŠU an-da(-an)*
i-da-a-la-u-eš-ta Rs. 44 (erg.), lk. Rd. 2 (erg.)

---

4 Der Ausgang *-šu-ú-ta* hat natürlich nichts mit dem Direktiv *šu-ú-ta* des Personalpronomens der 1. Pers. (vgl. E. LAROCHE, GLH 238 oben) zu tun. Die enklitische Pronominalform "euer" wird man mit der Personalendung der 2. Pers. Plur. *-aš-šu(-u)* wie in *na-ak-ki-ta-aš-šu(-u)* KBo XXXII 19 I 11 bzw. 13 (Orientalia 59, 226ff.) in Verbindung bringen dürfen.

"darüber wurde es ihm im Inneren böse", d.h.
"darüber wurde er böse/ärgerte er sich"

wiedergegeben (zur unpersönlichen Konstruktion s. E. NEU, GsKlíma 1992). Der halblogographische Ausdruck ŠÀ-*ŠU an-da* entspricht dem Direktiv *iš-ta-ni*(*-i*)*-ta* der hurr. Vorlage : "in sein Inneres" (*ištani=i=ta*). Daraus ergibt sich die lexikalische Gleichung hurr. *ištani* = heth. (sumerograph.) ŠÀ "Inneres". Wie die aus Ugarit bekannte lexikalische Gleichung ŠÀ = hurr. *ti-iš-ni* zeigt, wird das Logogramm ŠÀ auch zur Wiedergabe des hurr. Wortes für "Herz" gebraucht (vgl. ŠÀ-*ni* KUB VIII 47 I 5; s. E. LAROCHE, GLH 266). In der hurr.-heth. Bilingue aus Ḫattuša wird *tiša* "Herz" allerdings mit heth. (sumerograph.) ZI übersetzt (vgl. etwa KBo XXXII 15 I 20'/II 21'; s. auch E. NEU, Gs von Schuler, 1990, 231f.).

Was nun die Bedeutung von hurr. *ištani* betrifft, reichen E. LAROCHES (GLH 127) Bedeutungsangaben "entre, parmi" nicht aus. Vielmehr hat man *ištani* wohl ursprünglich als Substantiv mit der Bedeutung (sumerograph.) ŠÀ "Inneres" zu verstehen, womit auch "Herz" und "Seele" (s. unten Kapitel 3.2) gemeint sein konnten. Aus "Inneres" erklären sich die präpositionalen Bedeutungen "inmitten, unter, zwischen"[5].

Da ŠÀ-*ŠU anda* "in seinem Innern" (bzw. mit anderen Possessiva) außerhalb der Bilingue nicht in Sätzen mit *ištark*(*i̯e*)-, *ištarnink-* und (unpersönlichem) *idalau̯eš-* auftritt, wird man für ŠÀ-*ŠU anda* in hurr. *ištani=i=ta* das Vorbild sehen dürfen.

3.2. Im Rahmen einer gleichnisartigen Erzählung aus dem Handwerkerleben heißt es in einem Streitgespräch zwischen einem Kupfergießer (Schmied) und dem von ihm kunstvoll gegossenen und verzierten Becher, nachdem letzterer heftige Flüche gegen seinen Verfertiger ausgesprochen hat :

[5] Hurritisch : KBo XXXII 14 I 52f.

tab-re-e-in-ni a-lu-i-ib ḫi-il-li-ib
iš-ta-ni-i-ta

---

5 Die Grundbedeutung von *ištani* ist also nicht mit I.M. DIAKONOFF (Hurrisch und Urartäisch, München 1971, 113) "Gegenseitigkeit". Der Direktiv *iš-ta-ni-i-ta* findet sich in bruchstückhaftem Kontext in KBo XXXII 12 Rs. IV 8'; 50, 7'.

Hethitisch : ibid. II 52

nu-za ^{LÚ}SIMUG *PA-NI* ŠÀ-*ŠU me-mi-iš-ki-u-an da-iš*

"und der Schmied[6] begann vor seinem Innern zu sprechen"

Für *ḫill=i=b*, das zu *ḫil-* "sprechen" gehört, und *a-lu-i-ib* (wohl *alu̯=i=b*), das einen beachtenswerten lexikalischen Anschluß im Urartäischen hat, sei auf M. SALVINI, Xenia 21, 1988, 166ff. verwiesen. Bei *alu̯=i=b* und *ḫill=i=b* handelt es sich um Partizipien : " ... indem er antwortete, sprach er". Auf der gleichen Tafel begegnet in der gleichen Wendung auch *ḫill=i* [7]; so in :

[6] Hurritisch : KBo XXXII 14 Rs. 38

i-te-en-ni a-lu-i-ib ḫi-il-li iš-ta-ni-ta

Hethitisch : ibid. Rs. 45

[*nu-za* ^{LÚ}NAGAR *P*]*A-NI* ZI-*ŠU me-mi-iš-ki-zi* (*-šk-*Verbum)

"[und der Baumeister] spricht vor seiner Seele".

Der Makrokontext, in welchen dieser Beispielsatz [6] eingebaut ist, entspricht strukturell genau dem von Beispielsatz [5]. Zu der anderen Belegstelle mit *ḫill=i* (KBo XXXII 14 Rs. 60 : *mu-šu-ú-ni a-lu̯-i̯-ib ḫi-il-li i-iš-ta-ni-ta*) ist uns die heth. Übersetzung nur bruchstückhaft erhalten (lk. Rd. 2) : *nu-za ḫa-an-da-a-an-za PANI Z* [I-*ŠU*.

Aus den Entsprechungen in den Beispielsätzen [5] und [6] von hurr. *iš-ta-ni-ta* mit heth. (logograph.) *PA-NI* ŠÀ-*ŠU* bzw. *PA-NI* ZI-*ŠU* ergibt sich zum einen, daß in dem Direktiv auch das Possessivsuffix der 3. Pers. Sg. enthalten

---

6 Hurr. *tab-re-e-in-ni* ist vom Verbum *tab/w-* "gießen" abgeleitet und bedeutet wörtlich "der (Metall-) Gießer"; vgl. E. NEU, Das Hurritische : Eine altorientalische Sprache in neuem Licht, Mainz-Stuttgart 1988, 45 sub *tab/w-*. Auch das sumerische Wort ^{LÚ}SIMUG "Schmied", in der Bilingue, aber auch sonst in heth. Texten ^{LÚ}E.DÉ geschrieben, enthält in DÉ den Begriff "gießen".

7 Von M.L. KHAČIKJAN (ZA 74, 1984, 93) wurde das auch in hurr. Texten aus Mari auftretende *-b* als "the 3d p. sg. marker of the subject of action" bezeichnet. Gegen die Definition "marker of the subject of action" scheint mir u.a. der hier aufgezeigte Wechsel *ḫill=i*/*ḫill=i=b* zu sprechen, auch ergibt sich aus der Bilingue, daß *-b* numerusindifferent ist, also bei singularischem wie pluralischem Subjekt stehen kann.

sein muß, und zum anderen, daß mit hurr. *ištani* "Inneres" speziell auch "Herz" und "Seele" gemeint sein konnten.

4. Die Beispielzätze [5] und [6] werfen neues Licht auf die im heth. Schrifttum häufiger auftretende Wendung *PA-NI* ZI-*ŠU memiškiy̯an daiš* "....vor seiner Seele begann er zu sprechen". Da diese Phrase auf mythologische Texte hurritischer Provenienz beschränkt bleibt, ist die Annahme naheliegend, daß diese Ausdrucksweise nicht genuin hethitisch ist, sondern auf hurritischem Muster beruht[8].

5. Zusammenfassend hat sich für die hurr. Vokabeln *edi* / *idi* und *ištani* an Hand ihres Gebrauchs in dem hurr. Text der Bilingue ergeben :

5.1. Hurr. *edi* / *idi* bedeutet konkret "Körper" (=heth. *tuekka-*). Diese Bedeutung kann jedoch so stark verblassen, daß sich in der Verbindung mit einem Possessivpronomen die Bedeutung "selbst" ergibt. In dieser Verwendung darf heth. *tuekka-* als Lehnübersetzung gelten. Wenn sich der Direktiv von *edi* / *idi* mit einem vorangehenden Dativ syntagmatisch verbindet, kommt dieser sekundär geschaffenen Postposition die Bedeutung "für" zu, der heth. *šer* entsprechen kann.

5.2. Hurr. *ištani* ist ursprünglich ein Substantiv und bedeuted "Inneres" (in der heth. Übersetzung sumerograph. ŠÀ); mit *ištani* können auch "Seele" (ZI) und, wie uns dies vor allem eine lexikalische Gleichung aus Ugarit lehrt, "Herz" (ŠÀ) gemeint sein, auch wenn es dafür eigene hurr. Wörter gibt[9]. Hurr. *tiša* "Herz" wird in der heth. Übersetzung der Bilingue durch das Sumerogramm ZI (eigentlich "Seele") wiedergegeben[10].

---

8 Anders, aber noch ohne Kenntnis der Bilingue, A. KAMMENHUBER, ZA 56, 1964, 169. Davon bleiben ihre dortigen Aussagen zu bestimmten Wendungen Muršilis II., Muwatallis II. oder Puduḫepas weitgehend unberührt. Vgl. H.G. GÜTERBOCK, JCS 6, 1952, 35 (zur Tafel II B I 19). Die Unterscheidung zwischen der hurr. Phrase und inhaltlich anklingenden, auf heth. Vorstellungen beruhenden Wendungen ist feiner durchzuführen. Auch im Sukzessionsmythos (KUB XXXIII 120) sind Wendungen enthalten, durch die die hurr. Vorlage hindurchscheinen könnte.

9 Zu *tiša* "Herz" und *šuni* "Seele?" s. E. LAROCHE, GLH 266 bzw. 243. Die Bilingue überliefert uns ein hurr. Wort *šu-u-ni* "Hand", dem sumer. ŠU zugrundeliegen könnte.

10 Man wird auch zu fragen haben, ob möglicherweise heth. Vorstellungen in die Übersetzung eingeflossen sind. Daß bei den Hethitern gelegentlich Seele und Herz miteinander konkurrierten, darauf hat bereits A. KAMMENHUBER (ZA 56, 1964, 207) hingewiesen.

5.3. Um über die hurr. Vorstellungen von Seele, Leib usw. etwas Substantielles und Bleibendes auszusagen, ist es noch zu früh. Unsere kleine Untersuchung dürfte gezeigt haben, daß die Bilingue auch für differenziertere lexikalische Betrachtungen wichtiges und aussagekräftiges Wortgut bereit hält.

Sprachwissenschaftliches Institut
der Ruhr-Universität
Postfach 102148
D-4630 Bochum 1
Deutschland

BCILL 5: *Language in Sociology*, **éd. VERDOODT A. ET KJOLSETH Rn,** 304 pp., 1976. Prix: 760,- FB.
From the 153 sociolinguistics papers presented at the 8th World Congress of Sociology, the editors selected 10 representative contributions about language and education, industrialization, ethnicity, politics, religion, and speech act theory.

BCILL 6: **HANART M.**, *Les littératures dialectales de la Belgique romane: Guide bibliographique*, 96 pp., 1976 (2e tirage, corrigé de CD 12). Prix: 340,- FB.
En ce moment où les littératures connexes suscitent un regain d'intérêt indéniable, ce livre rassemble une somme d'informations sur les productions littéraires wallonnes, mais aussi picardes et lorraines. Y sont également considérés des domaines annexes comme la linguistique dialectale et l'ethnographie.

BCILL 7: *Hethitica II,* **éd. JUCQUOIS G. et LEBRUN R.,** avec la collaboration de DEVLAMMINCK B., II-159 pp., 1977, Prix: 480,- FB.
Cinq ans après *Hethitica I* publié à la Faculté de Philosophie et Lettres de l'Université de Louvain, quelques hittitologues belges et étrangers fournissent une dizaine de contributions dans les domaines de la linguistique anatolienne et des cultures qui s'y rattachent.

BCILL 8: **JUCQUOIS G. et DEVLAMMINCK B.,** *Complèments aux dictionnaires étymologiques du grec.* Tome I: A-K, II-121 pp., 1977. Prix: 380,- FB.
Le *Dictionnaire étymologique de la langue grecque* du regretté CHANTRAINE P. est déjà devenu, avant la fin de sa parution, un classique indispensable pour les hellénistes. Il a fait l'objet de nombreux comptes rendus, dont il a semblé intéressant de regrouper l'essentiel en un volume. C'est le but que poursuivent ces *Compléments aux dictionnaires étymologiques du grec.*

BCILL 9: **DEVLAMMINCK B. et JUCQUOIS G.,** *Compléments aux dictionnaires étymologiques du gothique.* Tome I: A-F, II-123 pp., 1977. Prix: 380,- FB.
Le principal dictionnaire étymologique du gothique, celui de Feist, date dans ses dernières éditions de près de 40 ans. En attendant une refonte de l'œuvre qui incorporerait les données récentes, ces compléments donnent l'essentiel de la littérature publiée sur ce sujet.

BCILL 10: **VERDOODT A.,** *Les problèmes des groupes linguistiques en Belgique: Introduction à la bibliographie et guide pour la recherche*, 235 pp., 1977 (réédition de CD 1). Prix: 590,- FB.
Un «trend-report» de 2.000 livres et articles relatifs aux problèmes socio-linguistiques belges. L'auteur, qui a obtenu l'aide de nombreux spécialistes, a notamment dépouillé les catalogues par matière des bibliothèques universitaires, les principales revues belges et les périodiques sociologiques et linguistiques de classe internationale.

BCILL 11: **RAISON J. et POPE M.,** *Index transnuméré du linéaire A,* 333 pp., 1977. Prix: 840,- FB.
Cet ouvrage est la suite, antérieurement promise, de RAISON-POPE, Index du linéaire A, Rome 1971. A l'introduction près (et aux dessins des «mots»), il en reprend entièrement le contenu et constitue de ce fait une édition nouvelle, corrigée sur les originaux en 1974-76 et augmentée des textes récemment publiés d'Arkhanès, Knossos, La Canée, Zakro, etc., également autopsiés et rephotographiés par les auteurs.

BCILL 12: **BAL W. et GERMAIN J.**, *Guide bibliographique de linguistique romane,* VI-267 pp., 1978. Prix 685,- FB., ISBN 2-87077-097-9, 1982, ISBN 2-8017-099-1.
Conçu principalement en fonction de l'enseignement, cet ouvrage, sélectif, non exhaustif, tâche d'être à jour pour les travaux importants jusqu'à la fin de 1977. La bibliographie de linguistique romane proprement dite s'y trouve complétée par un bref aperçu de bibliographie générale et par une introduction bibliographique à la linguistique générale.

BCILL 13: **ALMEIDA I.**, *L'opérativité sémantique des récits-paraboles. Sémiotique narrative et textuelle. Herméneutique du discours religieux.* Préface de Jean LADRIÈRE, XIII-484 pp., 1978. Prix: 1.250,- FB.
Prenant comme champ d'application une analyse sémiotique fouillée des récitsparaboles de l'Évangile de Marc, ce volume débouche sur une réflexion herméneutique concernant le monde religieux de ces récits. Il se fonde sur une investigation épistémologique contrôlant les démarches suivies et situant la sémiotique au sein de la question générale du sens et de la comprehension.

BCILL 14: *Études Minoennes I: le linéaire A,* **éd. Y. DUHOUX**, 191 pp., 1978. Prix: 480,- FB.
Trois questions relatives à l'une des plus anciennes écritures d'Europe sont traitées dans ce recueil; évolution passée et état présent des recherches; analyse linguistique de la langue du linéaire A; lecture phonétique de toutes les séquences de signes éditées à ce jour.

BCILL 15: *Hethitica III*, 165 pp., 1979. prix: 490,- FB.
Ce volume rassemble quatre études consacrées à la titulature royal hittite, la femme dans la société hittite, l'onomastique lycienne et gréco-asianique, les rituels CTH 472 contre une impureté.

BCILL 16: **GODIN P.**, *Aspecten van de woordvolgorde in het Nederlands. Een syntaktische, semantische en functionele benadering*, VI + 338 pp., 1980. Prix: 1.000,- FB., ISBN 2-87077-241-6.
In dit werk wordt de stelling verdedigd dat de woordvolgorde in het Nederlands beregeld wordt door drie hoofdfaktoren, nl. de syntaxis (in de engere betekenis van dat woord), de semantiek (in de zin van distributie van de dieptekasussen in de oppervlaktestruktuur) en het zgn. functionele zinsperspektief (d.i. de distributie van de constituenten naargelang van hun graad van communicatief dynamisme).

BCILL 17: **BOHL S.**, *Ausdrucksmittel für ein Besitzverhältnis im Vedischen und griechischen*, III + 108 pp., 1980. Prix: 360,- FB., ISBN 2-87077-170-3.
This study examines the linguistic means used for expressing possession in Vedic Indian and Homeric Greek. The comparison, based on a select corpus of texts, reveals that these languages use essentially inherited devices but with differing frequency ratios, in addition Greek has developed a verb "to have", the result of a different rhythm in cultural development.

BCILL 18: **RAISON J. et POPE M.**, *Corpus transnuméré du linéaire A*, 350 pp., 1980. Prix: 1.100,- FB.
Cet ouvrage est, d'une part, la clé à l'Index transnuméré du linéaire A des mêmes auteurs, BCILL 11: de l'autre, il ajoute aux recueils d'inscriptions déjà publiés de plusieurs côtés des compléments indispensables; descriptions, transnumérations, apparat critique, localisation précise et chronologie détaillée des textes, nouveautés diverses, etc.

BCILL 19: **FRANCARD M.,** *Le parler de Tenneville. Introduction à l'étude linguistique des parlers wallo-lorrains*, 312 pp., 1981. Prix: 780,- FB., ISBN 2-87077-000-6.
Dialectologues, romanistes et linguistes tireront profit de cette étude qui leur fournit une riche documentation sur le domaine wallo-lorrain, un aperçu général de la segmentation dialectale en Wallonie, et de nouveaux matériaux pour l'étude du changement linguistique dans le domaine gallo-roman. Ce livre intéressera aussi tous ceux qui sont attachés au patrimoine culturel du Luxembourg belge en particulier, et de la Wallonie en général.

BCILL 20: **DESCAMPS A. et al.,** *Genèse et structure d'un texte du Nouveau Testament. Étude interdisciplinaire du chapitre 11 de l'Évangile de Jean*, 292 pp., 1981. Prix: 895,- FB.
Comment se pose le problème de l'intégration des multiples approches d'un texte biblique? Comment articuler les unes aux autres les perspectives développées par l'exégèse historicocritique et les approches structuralistes? C'est à ces questions que tentent de répondre les auteurs à partir de l'étude du récit de la résurrection de Lazare. Ce volume a paru simultanément dans la collection «Lectio divina» sous le n° 104, au Cerf à Paris, ISBN 2-204-01658-6.

BCILL 21: *Hethitica IV*, 155 pp., 1981. Prix: 390,- FB., ISBN 2-87077-026.
Six contributions d'E. Laroche, F. Bader, H. Gonnet, R. Lebrun et P. Crepon sur: les noms des Hittites; hitt. zinna-; un geste du roi hittite lors des affaires agraires; vœux de la reine à Istar de Lawazantiya; pauvres et démunis dans la société hittite; le thème du cerf dans l'iconographie anatolienne.

BCILL 22: **J.-J. GAZIAUX,** *L'élevage des bovidés à Jauchelette en roman pays de Brabant. Étude dialectologique et ethnographique*, XVIII + 372 pp., 1 encart, 45 illustr., 1982. Prix: 1.170,- FB., ISBN 2-87077-137-1.
Tout en proposant une étude ethnographique particulièrement fouillée des divers aspects de l'élevage des bovidés, avec une grande sensibilité au facteur humain, cet ouvrage recueille le vocabulaire wallon des paysans d'un petit village de l'est du Brabant, contrée peu explorée jusqu'à présent sur le plan dialectal.

BCILL 23: *Hethitica V*, 131 pp., 1983. Prix: 330,- FB., ISBN 2-87077-155-X.
Onze articles de H. Berman, M. Forlanini, H. Gonnet, R. Haase, E. Laroche, R. Lebrun, S. de Martino, L.M. Mascheroni, H. Nowicki, K. Shields.

BCILL 24: **L. BEHEYDT,** *Kindertaalonderzoek. Een methodologisch handboek*, 252 pp., 1983. Prix: 620,- FB., ISBN 2-87077-171-1.
Dit werk begint met een overzicht van de trends in het kindertaalonderzoek. Er wordt vooral aandacht besteed aan de methodes die gebruikt worden om de taalontwikkeling te onderzoeken en te bestuderen. Het biedt een gedetailleerd analyserooster voor het onderzoek van de receptieve en de produktieve taalwaardigheid zowel door middel van tests als door middel van bandopnamen. Zowel onderzoek van de woordenschat als onderzoek van de grammatica komen uitvoerig aan bod.

BCILL 25: **J.-P. SONNET,** *La parole consacrée. Théorie des actes de langage, linguistique de l'énonciation et parole de la foi*, VI-197 pp., 1984. Prix: 520,- FB. ISBN 2-87077-239-4.
D'où vient que la parole de la foi ait une telle force?
Ce volume tente de répondre à cette question en décrivant la «parole consacrée», en cernant la puissance spirituelle et en définissant la relation qu'elle instaure entre l'homme qui la prononce et le Dieu dont il parle.

BCILL 26: **A. MORPURGO DAVIES - Y. DUHOUX (ed.),** *Linear B: A 1984 Survey, Proceedings of the Mycenaean Colloquium of the VIIIth Congress of the International Federation of the Societies of Classical Studies (Dublin, 27 August-1st September 1984)*, 310 pp., 1985. Price: 850 FB., ISBN 2-87077-289-0.
Six papers by well known Mycenaean specialists examine the results of Linear B studies more than 30 years after the decipherment of script. Writing, language, religion and economy are all considered with constant reference to the Greek evidence of the First Millennium B.C. Two additional articles introduce a discussion of archaeological data which bear on the study of Mycenaean religion.

BCILL 27: *Hethitica VI*, 204 pp., 1985. Prix: 550 FB. ISBN 2-87077-290-4.
Dix articles de J. Boley, M. Forlanini, H. Gonnet, E. Laroche, R. Lebrun, E. Neu, M. Paroussis, M. Poetto, W.R. Schmalstieg, P. Swiggers.

BCILL 28: **R. DASCOTTE,** *Trois suppléments au dictionnaire du wallon du Centre*, 359 pp., 1 encart, 1985. Prix: 950 FB. ISBN 2-87077-303-X.
Ce travail comprend 5.200 termes qui apportent un complément substantiel au *Dictionnaire du wallon du Centre* (8.100 termes). Il est le fruit de 25 ans d'enquête sur le terrain et du dépouillement de nombreux travaux dont la plupart sont inédits, tels des mémoires universitaires. Nul doute que ces *Trois suppléments au dictionnaire du wallon du Centre* intéresseront le spécialiste et l'amateur.

BCILL 29: **B. HENRY,** *Les enfants d'immigrés italiens en Belgique francophone, Seconde génération et comportement linguistique*, 360 pp., 1985. Prix: 950 FB. ISBN 2-87077-306-4.
L'ouvrage se veut un constat de la situation linguistique de la seconde génération immigrée italienne en Belgique francophone en 1976. Il est basé sur une étude statistique du comportement linguistique de 333 jeunes issus de milieux immigrés socio-économiques modestes. Des chiffres préoccupants qui parlent et qui donnent à réfléchir...

BCILL 30: **H. VAN HOOF,** *Petite histoire de la traduction en Occident*, 105 pp., 1986. Prix: 380 FB. ISBN 2-87077-343-9.
L'histoire de notre civilisation occidentale vue par la lorgnette de la traduction. De l'Antiquité à nos jours, le rôle de la traduction dans la transmission du patrimoine gréco-latin, dans la christianisation et la Réforme, dans le façonnage des langues, dans le développement des littératures, dans la diffusion des idées et du savoir. De la traduction orale des premiers temps à la traduction automatique moderne, un voyage fascinant.

BCILL 31: **G. JUCQUOIS,** *De l'egocentrisme à l'ethnocentrisme*, 421 pp., 1986. Prix: 1.100 FB. ISBN 2-87077-352-8.
La rencontre de l'Autre est au centre des préoccupations comparatistes. Elle constitue toujours un événement qui suscite une interpellation du sujet: les manières d'être, d'agir et de penser de l'Autre sont autant de questions sur nos propres attitudes.

BCILL 32: **G. JUCQUOIS,** *Analyse du langage et perception culturelle du changement*, 240 p., 1986. Prix: 640 FB. ISBN 2-87077-353-6.
La communication suppose la mise en jeu de différences dans un système perçu comme permanent. La perception du changement ets liée aux données culturelles: le concept de différentiel, issu très lentement des mathématiques, peut être appliqué aux sciences du vivant et aux sciences de l'homme.

BCILL 33-35: **L. DUBOIS,** *Recherches sur le dialecte arcadien*, 3 vol., 236, 324, 134 pp., 1986. Prix: 1.975 FB. ISBN 2-87077-370-6.
Cet ouvrage présente aux antiquisants et aux linguistes un corpus mis à jour des inscriptions arcadiennes ainsi qu'une description synchronique et historique du dialecte. Le commentaire des inscriptions est envisagé sous l'angle avant tout philologique; l'objectif de la description de ce dialecte grec est la mise en évidence de nombreux archaïsmes linguistiques.

BCILL 36: *Hethitica VII*, 267 pp., 1987. Prix: 800 FB.
Neuf articles de P. Cornil, M. Forlanini, G. Gonnet, R. Haase, G. Kellerman, R. Lebrun, K. Shields, O. Soysal, Th. Urbin Choffray.

BCILL 37: *Hethitica VIII. Acta Anatolica E. Laroche oblata*, 426 pp., 1987. Prix: 1.300 FB.
Ce volume constitue les *Actes* du Colloque anatolien de Paris (1-5 juillet 1985): articles de D. Arnaud, D. Beyer, Cl. Brixhe, A.M. et B. Dinçol, F. Echevarria, M. Forlanini, J. Freu, H. Gonnet, F. Imparati, D. Kassab, G. Kellerman, E. Laroche, R. Lebrun, C. Le Roy, A. Morpurgo Davies et J.D. Hawkins, P. Neve, D. Parayre, F. Pecchioli-Daddi, O. Pelon, M. Salvini, I. Singer, C. Watkins.

BCILL 38: **J.-J. GAZIAUX**, *Parler wallon et vie rurale au pays de Jodoigne à partir de Jauchelette*. Avant-propos de Willy Bal, 368 pp., 1987. Prix: 790 FB.
Après avoir caractérisé le parler wallon de la région de Jodoigne, l'auteur de ce livre abondamment illustré s'attache à en décrire le cadre villageois, à partir de Jauchelette. Il s'intéresse surtout à l'évolution de la population et à divers aspects de la vie quotidienne (habitat, alimentation, distractions, vie religieuse), dont il recueille le vocabulaire wallon, en alliant donc dialectologie et ethnographie.

BCILL 39: **G. SERBAT,** *Linguistique latine et Linguistique générale*, 74 pp., 1988. Prix: 280 FB. ISBN 90-6831-103-4.
Huit conférences faites dans le cadre de la Chaire Francqui, d'octobre à décembre 1987, sur: le temps; deixis et anaphore; les complétives; la relative; nominatif; génitif partitif; principes de la dérivation nominale.

BCILL 40: *Anthropo-logiques*, éd. D. Huvelle, J. Giot, R. Jongen, P. Marchal, R. Pirard (Centre interdisciplinaire de Glossologie et d'Anthropologie Clinique), 202 pp., 1988. Prix: 600 FB. ISBN 90-6831-108-5.
En un moment où l'on ne peut plus ignorer le malaise épistémologique où se trouvent les sciences de l'humain, cette série nouvelle publie des travaux situés dans une perspective anthropo-logique unifiée mais déconstruite, épistémologiquement et expérimentalement fondée. Domaines abordés dans ce premier numéro: présentation générale de l'anthropologie clinique; épistémologie; linguistique saussurienne et glossologie; méthodologie de la description de la grammaticalité langagière (syntaxe); anthropologie de la personne (l'image spéculaire).

BCILL 41: **M. FROMENT,** *Temps et dramatisations dans les récits écrits d'élèves de 5ème*, 268 pp., 1988. Prix: 850 FB.
Les récits soumis à l'étude ont été analysés selon les principes d'une linguistique qui intègre la notion de circulation discursive, telle que l'a développée M. Bakhtine.
La comparaison des textes a fait apparaître que le temps était un principe différenciateur, un révélateur du type d'histoire racontée.
La réflexion sur la temporalité a également conduit à constituer une typologie des textes intermédiaire entre la langue et la diversité des productions, en fonction de leur homogénéité.

BCILL 42: **Y.L. ARBEITMAN** (ed.), *A Linguistic Happening in Memory of Ben Schwartz. Studies in Anatolian, Italic and Other Indo-European Languages,* 598 pp., 1988. Prix: 1800,- FB.
36 articles dédiés à la mémoire de B. Schwartz traitent de questions de linguistique anatolienne, italique et indo-européenne.

BCILL 43: *Hethitica IX,* 179 pp., 1988. Prix: 540 FB. ISBN. Cinq articles de St. DE MARTINO, J.-P. GRÉLOIS, R. LEBRUN, E. NEU, A.-M. POLVANI.

BCILL 44: **M. SEGALEN** (éd.), *Anthropologie sociale et Ethnologie de la France,* 873 pp., 1989. Prix: 2.620 FB. ISBN 90-6831-157-3 (2 vol.).
Cet ouvrage rassemble les 88 communications présentées au Colloque International «Anthropologie sociale et Ethnologie de la France» organisé en 1987 pour célébrer le cinquantième anniversaire du Musée national des Arts et Traditions populaires (Paris), une des institutions fondatrices de la discipline. Ces textes montrent le dynamisme et la diversité de l'ethnologie chez soi. Ils sont organisés autour de plusieurs thèmes: le regard sur le nouvel «Autre», la diversité des cultures et des identités, la réévaluation des thèmes classiques du symbolique, de la parenté ou du politique, et le rôle de l'ethnologue dans sa société.

BCILL 45: **J.-P. COLSON,** *Krashens monitortheorie: een experimentele studie van het Nederlands als vreemde taal. La théorie du moniteur de Krashen: une étude expérimentale du néerlandais, langue étrangère,* 226 pp., 1989. Prix: 680 FB. ISBN 90-6831-148-4.
Doel van dit onderzoek is het testen van de monitortheorie van S.D. Krashen in verband met de verwerving van het Nederlands als vreemde taal. Tevens wordt uiteengezet welke plaats deze theorie inneemt in de discussie die momenteel binnen de toegepaste taalwetenschap gaande is.

BCILL 46: *Anthropo-logiques* 2 (1989), 324 pp., 1989. Prix: 970 FB. ISBN 90-6831-156-5.
Ce numéro constitue les Actes du Colloque organisé par le CIGAC du 5 au 9 octobre 1987. Les nombreuses interventions et discussions permettent de dégager la spécificité épistémologique et méthodologique de l'anthropologie clinique: approches (théorique ou clinique) de la rationalité humaine, sur le plan du signe, de l'outil, de la personne ou de la norme.

BCILL 47: **G. JUCQUOIS,** *Le comparatisme*, t. 1: *Généalogie d'une méthode*, 206 pp., 1989. Prix: 750 FB. ISBN 90-6831-171-9.
Le comparatisme, en tant que méthode scientifique, n'apparaît qu'au XIXe siècle. En tant que manière d'aborder les problèmes, il est beaucoup plus ancien. Depuis les premières manifestations d'un esprit comparatiste, à l'époque des Sophistes de l'Antiquité, jusqu'aux luttes théoriques qui préparent, vers la fin du XVIIIe siècle, l'avènement d'une méthode comparative, l'histoire des mentalités permet de préciser ce qui, dans une société, favorise l'émergence contemporaine de cette méthode.

BCILL 48: **G. JUCQUOIS,** *La méthode comparative dans les sciences de l'homme*, 138 pp., 1989. Prix: 560 FB. ISBN 90-6831-169-7.
La méthode comparative semble bien être spécifique aux sciences de l'homme. En huit chapitres, reprenant les textes de conférences faites à Namur en 1989, sont présentés les principaux moments d'une histoire du comparatisme, les grands traits de la méthode et quelques applications interdisciplinaires.

BCILL 49: *Problems in Decipherment*, edited by **Yves DUHOUX, Thomas G. PALAIMA and John BENNET**, 1989, 216 pp. Price: 650 BF. ISBN 90-6831-177-8.
Five scripts of the ancient Mediterranean area are presented here. Three of them are still undeciphered — "Pictographic" Cretan; Linear A; Cypro-Minoan. Two papers deal with Linear B, a successfully deciphered Bronze Age script. The last study is concerned with Etruscan.

BCILL 50: **B. JACQUINOD,** *Le double accusatif en grec d'Homère à la fin du Ve siècle avant J.-C.* (publié avec le concours du Centre National de la Recherche Scientifique), 1989, 305 pp. Prix: 900 FB. ISBN 90-6831-194-8.
Le double accusatif est une des particularités du grec ancien: c'est dans cette langue qu'il est le mieux représenté, et de beaucoup. Ce tour, loin d'être un archaïsme en voie de disparition, se développe entre Homère et l'époque classique. Les types de double accusatif sont variés et chacun conduit à approfondir un fait de linguistique générale: expression de la sphère de la personne, locution, objet interne, transitivité, causativité, etc. Un livre qui intéressera linguistes, hellénistes et comparatistes.

BCILL 51: **Michel LEJEUNE,** *Méfitis d'après les dédicaces lucaniennes de Rossano di Vaglio*, 103 pp., 1990. Prix: 400,- FB. ISBN 90-6831-204-3.
D'après l'épigraphie, récemment venue au jour, d'un sanctuaire lucanien (-IVe/-Ier s.), vues nouvelles sur la langue osque et sur le culte de la déesse Méfitis.

BCILL 52: *Hethitica* X, 211 pp., 1990. Prix: 680 FB. Sept articles de P. CORNIL, M. FORLANINI, H. GONNET, J. KLINGER et E. NEU, R. LEBRUN, P. TARACHA, J. VANSCHOONWINKEL. ISBN 90-6831-288-X.

BCILL 53: **Albert MANIET**, *Phonologie quantitative comparée du latin ancien*, 1990, 362 pp. Prix: 1150 FB. ISBN 90-6831-225-1.
Cet ouvrage présente une statistique comparative, accompagnée de remarques d'ordre linguistique, des éléments et des séquences phoniques figurant dans un corpus latin de 2000 lignes, de même que dans un état plus ancien de ce corpus, reconstruit sur base de la phonétique historique des langues indo-européennes.

BCILL 54-55: **Charles de LAMBERTERIE**, *Les adjectifs grecs en -υς. Sémantique et comparaison* (publié avec le concours de l'Académie des Inscriptions et Belles-Lettres, du Centre National de la Recherche Scientifique et de la Fondation Calouste Gulbenkian), 1.035 pp., 1990. Prix: 1980 FB. ISBN tome I: 90-6831-251-0; tome II: 90-6831-252-9.
Cet ouvrage étudie une classe d'adjectifs grecs assez peu nombreuse (une quarantaine d'unités), mais remarquable par la cohérence de son fonctionnement, notamment l'aptitude à former des couples antonymiques. On y montre en outre que ces adjectifs, hérités pour la plupart, fournissent une riche matière à la recherche étymologique et jouent un rôle important dans la reconstruction du lexique indo-européen.

BCILL 56: **A. SZULMAJSTER-CELNIKIER,** *Le yidich à travers la chanson populaire. Les éléments non germaniques du yidich*, 276 pp., 22 photos, 1991. Prix: 1490 FB. ISBN 90-6831-333-9.

BCILL 57: *Anthropo-logiques 3* (1991), 204 pp., 1991. Prix: 695 FB. ISBN 90-6831-345-2.
Les textes de ce troisième numéro d'*Anthropo-logiques* ont en commun de chercher épistémologiquement à déconstruire les phénomènes pour en cerner le fondement. Ils abordent dans leur spécificité humaine le langage, l'expression numérale, la relation clinique, le corps, l'autisme et les psychoses infantiles.

BCILL 58: **G. JUCQUOIS - P. SWIGGERS** (éd.), *Comparatisme 3: Le comparatisme devant le miroir*, 155 pp. Prix: 540 FB. ISBN 90-6831-363-0.
Dix articles de E. Gilissen, G.-G. Granger, C. Hagège, G. Jucquois, H.G. Moreira Freire de Morais Barroco, P. Swiggers, M. Van Overbeke.

BCILL 59: *Hethitica XI,* 136 pp., 1992. Prix: 440 FB. ISBN 90-6831-394-0.
Six articles de T.R. Bryce, S. de Martino, J. Freu, R. Lebrun, M. Mazoyer et E. Neu.

BCILL 60: **A. GOOSSE,** *Mélanges de grammaire et de lexicologie françaises,* XXVIII-450 pp. Prix: 1.600 FB. ISBN 90-6831-373-8.
Ce volume réunit un choix d'études de grammaire et de lexicologie françaises d'A. Goosse. Il est publié par ses collègues et collaborateurs à l'Université Catholique de Louvain à l'occasion de son accession à l'éméritat.

BCILL 61: **Y. DUHOUX,** *Le verbe grec ancien. Éléments de morphologie et de syntaxe historiques,* 549 pp., 1992. Prix: 1650 FB. ISBN 90-6831-387-8.
Ce livre étudie la structure et l'histoire du système verbal grec ancien. Menées dans une optique structuraliste, les descriptions morphologiques et syntaxiques sont toujours associées, de manière à s'éclairer mutuellement. Une attention particulière a été consacrée à la délicate question de l'aspect verbal. Les données quantitatives ont été systématiquement traitées, grâce à un *corpus* de plus de 100.000 formes verbales s'échelonnant depuis Homère jusqu'au IVe siècle avant J.-C.

SÉRIE PÉDAGOGIQUE DE L'INSTITUT DE LINGUISTIQUE DE LOUVAIN (SPILL).

SPILL 1: **G. JUCQUOIS,** avec la collaboration de **J. LEUSE**, *Conventions pour la présentation d'un texte scientifique*, 1978, 54 pp. (épuisé).

SPILL 2: **G. JUCQUOIS**, *Projet pour un traité de linguistique différentielle*, 1978, 67 pp. Prix: 170,- FB.
Exposé succinct destiné à de régulières mises à jour de l'ensemble des projets et des travaux en cours dans une perspective différentielle au sein de l'Institut de Linguistique de Louvain.

SPILL 3: **G. JUCQUOIS,** *Additions 1978 au «Projet pour un traité de linguistique différentielle»,* 1978, 25 pp. Prix: 70,- FB.

SPILL 4: **G. JUCQUOIS,** *Paradigmes du vieux-slave*, 1979, 33 pp. Prix: 100,- FB.
En vue de faciliter l'étude élémentaire de la grammaire du vieux-slave et de permettre aux étudiants d'en identifier rapidement les formes, ce volume regroupe l'ensemble des paradigmes de cette langue liturgique.

SPILL 5: **W. BAL - J. GERMAIN**, *Guide de linguistique*, 1979, 108 pp. Prix: 275,- FB.
Destiné à tous ceux qui désirent s'initier à la linguistique moderne, ce guide joint à un exposé des notions fondamentales et des connexions interdisciplinaires de cette science une substantielle documentation bibliographique sélective, à jour, classée systématiquement et dont la consultation est encore facilitée par un index détaillé.

SPILL 6: **G. JUCQUOIS - J. LEUSE,** *Ouvrages encyclopédiques et terminologiques en sciences humaines*, 1980, 66 pp. Prix: 165,- FB.
Brochure destinée à permettre une première orientation dans le domaine des diverses sciences de l'homme. Trois sortes de travaux y sont signalés: ouvrages de terminologie, ouvrages d'introduction, et ouvrages de type encyclopédique.

SPILL 7: **D. DONNET**, *Paradigmes et résumé de grammaire sanskrite,* 64 pp., 1980. Prix: 160,- FB.
Dans cette brochure, qui sert de support à un cours d'initiation, sont envisagés: les règles du sandhi externe et interne, les paradigmes nominaux et verbaux, les principes et les classifications de la composition nominale.

SPILL 8-9: **L. DEROY,** *Padaśas. Manuel pour commencer l'étude du sanskrit même sans maître*, 2 vol., 203 + 160 pp., 2e éd., 1984. Prix: 1.090,- FB., ISBN 2-87077-274-2.
Méthode progressive apte à donner une connaissance élémentaire et passive du sanskrit (en transcription). Chaque leçon de grammaire est illustrée par des textes simples (proverbes, maximes et contes). Le second volume contient un copieux lexique, une traduction des textes (pour contrôle) et les éléments pour étudier, éventuellement, à la fin, l'écriture nâgarî.

SPILL 10: *Langage ordinaire et philosophie chez le second WITTGENSTEIN. Séminaire de philosophie du langage 1979-1980,* **édité par J.F. MALHERBE,** 139 pp., 1980. Prix: 350,- FB. ISBN 2-87077-014-6.
Si, comme le soutenait Wittgenstein, **la signification c'est l'usage**, c'est en étudiant l'usage d'un certain nombre de termes clés de la langue du philosophe que l'on pourra, par-delà le découpage de sa pensée en aphorismes, tenter une synthèse de quelques thèmes majeurs des **investigations philosophiques.**

SPILL 11: **J.M. PIERRET,** *Phonétique du français. Notions de phonétique générale et phonétique du français,* V-245 pp. + 4 pp. hors texte, 1985. Prix: 550,- FB. ISBN 2-87077-018-9.
Ouvrage d'initiation aux principaux problèmes de la phonétique générale et de la phonétique du français. Il étudie, en outre, dans une section de phonétique historique, l'évolution des sons, du latin au français moderne.

SPILL 12: **Y. DUHOUX,** *Introduction aux dialectes grecs anciens. Problèmes et méthodes. Recueil de textes traduits,* 111 pp., 1983. Prix: 280,- FB. ISBN 2-87077-177-0.
Ce petit livre est destiné aux étudiants, professeurs de grec et lecteurs cultivés désireux de s'initier à la dialectologie grecque ancienne: description des parlers; classification dialectale; reconstitution de la préhistoire du grec. Quatorze cartes et tableaux illustrent l'exposé, qui est complété par une bibliographie succincte. La deuxième partie de l'ouvrage rassemble soixante-huit courtes inscriptions dialectales traduites et accompagnées de leur bibliographie.

SPILL 13: **G. JUCQUOIS,** *Le travail de fin d'études. Buts, méthode, présentation,* 82 pp., 1984. Prix: 230,- FB. ISBN 2-87077-224-6.
Les étudiants se posent souvent la question des buts du travail de fin d'études: quel est le rôle de ce travail dans leur formation, comment rassembler les informations nécessaires, comment les traiter, comment les présenter? Voilà quelques unes des grandes questions auxquelles on tente de répondre.

SPILL 14: **J. VAN ROEY,** *French-English Contrastive Lexicology. An Introduction,* 145 pp., 1990. Prix: 460,- FB. ISBN 90-6831-269-3.
This textbook covers more than its title suggests. While it is essentially devoted to the comparative study of the French and English vocabularies, with special emphasis on the deceptiveness of alleged transformational equivalence, the first part of the book familiarizes the student with the basic problems of lexical semantics.

INDEX ET CONCORDANCES DE L'INSTITUT DE LINGUISTIQUE DE LOUVAIN (ICILL).

ICILL 1 : **G. JUCQUOIS**, avec la collaboration de **B. DEVLAMMINCK et de J. LEUSE**, *La transcription des langues indo-européennes anciennes et modernes : normalisation et adaptation pour l'ordinateur.* 1980, 109 pp. Prix : 600,- FB.

ICILL 2 : **E. NIEUWBORG et J. WEISSHAUPT**, avec la collaboration de **D. REULEN**, *Concordantielijst van Zuidnederlandse Romans :* **H. CLAUS**, *Natuurgetrouwer ; De Zwarte Keizer ; Het jaar van de Kreeft,* 1979, 12 pp. + 3.435 pp. en 14 microfiches. Prix : 1.000,- FB.

ICILL 3 : **G. JUCQUOIS et B. DEVLAMMINCK**, *Die Sprache I (1949) - 20 (1974) :* index des formes, 1979, XVI-301 pp. Prix : 1.000,- FB.

ICILL 4 : **E. NIEUWBORG et J. WEISSHAUPT**, avec la collaboration de **D. REULEN**, Concordance de : CESBRON G., *Notre prison est un royaume.* Concordance de *G. BERNANOS, L'imposture.* 1981, 12 pp. + 3.176 pp. en 12 microfiches. Prix : 950,- FB.

ICILL 6 : **E. NIEUWBORG et J. WEISSHAUPT**, avec la collaboration de **R. REULEN**, Concordantielijsten van weekbladen en krantentaal (Zuidnederlands taalgebied). 1981, 12 pp. + 2.606 pp. en 11 microfiches. Prix : 800,- FB.

ICILL 11 : **E. NIEUWBORG et J. WEISSHAUPT**, avec la collaboration de **R. REULEN**, Concordantielijsten van Zuidnederlandse letterkunde - Hubert LAMPO, *De komst van Joachim Stiller. Er is méér, Horatio.* 1981, 16 x 24, 12 pp. + 2.403 pp. en 10 microfiches. Prix : 800,- FB.